古代歷史文化研究輯刊

十六編

王明蓀 主編

第 26 冊

奚族史略

周 峰 著

國家圖書館出版品預行編目資料

奚族史略／周峰 著 — 初版 — 新北市：花木蘭文化出版社，
2016〔民 105〕
目 2+170 面；19×26 公分
（古代歷史文化研究輯刊 十六編；第 26 冊）
ISBN 978-986-404-771-0（精裝）
1. 奚族 2. 民族史
618   105014277

ISBN-978-986-404-771-0

9 789864 047710

古代歷史文化研究輯刊
十六編　第二六冊　　　　　ISBN：978-986-404-771-0

奚族史略

作　　者　周　峰
主　　編　王明蓀
總 編 輯　杜潔祥
副總編輯　楊嘉樂
編　　輯　許郁翎、王筑　美術編輯　陳逸婷
出　　版　花木蘭文化出版社
社　　長　高小娟
聯絡地址　235 新北市中和區中安街七二號十三樓
　　　　　電話：02-2923-1455／傳真：02-2923-1452
網　　址　http://www.huamulan.tw 信箱 hml810518@gmail.com
印　　刷　普羅文化出版廣告事業
初　　版　2016 年 9 月
全書字數　134015 字
定　　價　十六編 35 冊（精裝）台幣 68,000 元

奚族史略

周峰 著

作者簡介

周峰，男，漢族，1972 年生，現任中國社會科學院民族學與人類學研究所副研究員，主要從事遼金史、西夏學的研究。1993 年畢業於北京聯合大學文理學院，獲得歷史學學士學位。2010 年考入中國社會科學院研究生院攻讀博士學位，導師史金波先生，2013 年 6 月獲歷史學博士學位。1993 年 7 月至 1994 年 2 月，在北京市文物研究所工作。1994 年 2 月至 1999 年 8 月在北京遼金城垣博物館工作。1999 年 8 月至今在中國社會科學院民族學與人類學研究所工作。主要代表作：《完顏亮評傳》，22 萬字，民族出版社 2002 年；《金章宗傳》（與范軍合作），15 萬字，中國廣播電視出版社 2003 年。發表論文 70 餘篇。

提　　要

　　奚族與契丹族「異種而同類」，同出現於北魏時期，而最終於元代不見其蹤影。在一千餘年的歲月中，奚族的歷史命運緊密地與契丹族聯繫在一起，但是相對於學界對契丹族的豐厚研究成果，對奚族的研究較為薄弱，而且至今沒有一部關於奚族史的專著。本書在廣泛搜集文獻史料的基礎上，再搜集出土的石刻資料，盡可能地將奚族史料搜羅無遺，在此基礎上撰寫出了一部奚族的簡史。本書分為北魏時期的奚族、隋代的奚族、唐代的奚族、五代的奚族、遼代的奚族、宋代的奚族、金代的奚族、元代的奚族、奚車與奚琴——奚族文化之點滴等章。並有奚族大事年表、奚族碑刻、有關奚族的古詩、奚族研究論著目錄等附錄，以為繼續深入研究提供詳細的線索。

目次

緒論　奚族研究簡述

　　對於奚族的研究，是從上世紀四、五十年代日本學者開始進行的。有島田正郎《關於遼代的奚族》（論文出處請參看附錄四，下同）、島田好《奚、霤、白霤民族考》，平島貴義《關於遼初歷史的兩三個問題（1）——遼太祖對奚族的經略及其意義》、《論唐末五代契丹與奚的關係》等論文。我國的研究自上世紀六、七十年代開始起步，早期的幾篇文章都出於臺灣學者之手，有李符桐《奚部族及其與遼朝關係之探討》，王民信《遼朝統治下的奚族》，趙振績《大奚成立與消失考》等。

　　二十世紀八十年代，奚族研究逐漸進入高潮，其中以已經去世的孟廣耀先生、馮繼欽先生用功最勤。孟廣耀（筆名孟古托力）對奚族進行了系列研究，先後發表論文十餘篇。《回紇羈屬下的奚族——兼釋唐朝與奚族的關係》認爲在特定的歷史條件下，唐朝、回紇、奚族形成了三角關係。其中奚族最弱，回紇對它側重於經濟掠奪，唐朝對它側重於政治控制。《唐代奚族君長及世次考述》介紹了 22 位奚族首領的簡單事跡。《唐代奚族駐牧範圍變遷考論》認爲唐代奚族與其它少數北方游牧民族相比，其駐牧範圍變化不大，但也體現著南下與西進的共同特徵。涉及唐代奚族的還有《試探唐朝前期與奚族的關係》、《安史之亂中的奚族》等論文。《遼金戰爭中的奚族》介紹了遼金戰爭中奚族由抗金到降金的過程，著重論述了蕭幹及其所建立的奚國與金朝之間的戰爭。他的涉及到遼金時期奚族的論文還有《遼朝與奚族的關係》、《唐以後奚族諸部的對應關係及奚王府所屬諸部剖析》、《西部奚歷史探討》、《試論遼朝直轄奚族諸部營——兼論奚人契丹化問題》、《遼代奚王世次考論》、《蕭幹建國稱帝及其失敗瑣議》等。

馮繼欽《北朝時期的庫莫奚族》介紹了北朝時期奚族的經濟發展、民族共同體演變、與各種政治勢力和與鄰族的關係。《金代奚族初探》主要探討了奚族歸附金代的過程，以及金代奚族猛安謀克的分佈、演變與特徵。馮繼欽的其它論文還有《有關奚族族源的兩個問題》、《奚族文化芻議》、《奚族社會性質初探》、《遼代奚族共同體的演變及其特徵初探》等。

對於奚族的綜合研究多為對奚族各階段歷史的概述。楊若薇《奚族及其歷史發展》研究了奚族早期的生活，遼朝統治下的奚族，遼亡以後的奚族及與其它民族的融合。此類文章還有李德山《奚族增考》、張秀榮《略談奚族》、李玉君《東北古老的民族——庫莫奚》、譚麗娟《奚族源流考略》等。洪勇明《古代民族文獻所見「奚」考》是近年來奚族研究中頗見新意的一篇論文。作者研究了奚在古代突厥文、古藏文、古阿拉伯文文獻中的不同對音。認為龍朔元年奚人的一支叛唐遠走中亞，11 世紀上半葉奚人的另一支移駐河西，中亞奚人成為回鶻的旁系，河西奚人則消失。

北朝時期的奚族是奚族研究中的薄弱點，此類文章較少，有王茜《略述契丹、奚、地豆于、室韋等古族與北朝的朝貢關係》，任愛君《契丹與庫莫奚的先世及其關係略述》，張文平、張久和《庫莫奚基本史料的初步比較研究》，包愛英《十世紀以前庫莫奚歷史初探》等。

關於唐代奚族的研究多集中在奚族與唐朝的關係上，此類論文有程尼娜《論唐代中央政權對契丹、奚人地區的羈縻統治》，李蓉、蹇福闊《遼西兩蕃與高宗朝東、西線戰局之關係》，李蓉《唐初兩蕃與唐的東北策略》，孫彩紅《唐、五代時期中原與契丹、奚的互市貿易》，侯震《隋至唐初奚人朝貢管窺》，李彥平《唐朝與東北少數民族契丹、奚的和親》，陳巍《論唐與奚、契丹的和親》，崔明德《唐與契丹、奚和親公主考述》，陳巍、閏華芳《安史之亂前後的奚、契丹》等。楊福瑞《六至十世紀初契丹與奚的關係——兼論兩族的不同命運結局》認為在六至十世紀的發展中，奚族最終成為契丹民族共同體的一員。

遼代奚族是奚族研究中的熱點，此類文章既有綜合性的也有專題性的。王玲《遼代奚族考略》探討了遼朝對奚族的統治，遼代奚族社會狀況以及奚族生產技術與生活習俗。李月新、梁磊《遼代奚人的生活探析》認為遼朝時期的奚人逐步形成了牧放、狩獵兼及農業的多樣化經營模式。張光娟《試論遼代奚族的基層管理問題》認為遼朝時奚族六部雖然名義上由奚王府直接控

制，但是經過幾次全國範圍內的部族整編後，其自主性喪失。遼朝在奚族的基層不僅劃分了石烈和彌里，而且根據統治的具體需要，設置了具有專門職能的單位組織，從而進一步加強了對奚族的控制。葛華廷《遼奚迭剌部及相關問題淺談》認爲奚迭剌部即奚耶律部，居於遼饒州一帶。任愛君《遼代的烏馬山奚》認爲烏馬山奚族部落最遲在 911 年前後與奚族主體部落徹底分離，並演變爲遼朝初期著名的太祖二十部之一，亦即遼朝著名的楮特部，也就是今翁牛特旗境內發現的初魯得部族。此類文章還有李涵、沈學明《略論奚族在遼代的發展》，任愛君《遼朝對奚族諸部的征服及其統治方略》，王宇勍《遼代奚族的地理分佈》，張雲波《遼代契丹人及奚人之分佈》，王峰《遼奚文化追溯》，愛新覺羅·烏拉熙春《初魯得氏族考》，愛新覺羅·烏拉熙春、呼格吉勒圖《初魯得族系考》，王民信《遼朝奚族「撒里比部落」》，紀楠楠《關於遼代奚族的部族》，田淑華《遼金時期奚族在承德地區活動史蹟探考》等。

　　對於金代奚族的研究論文也較少，有李涵、張星久《金代奚族的演變》，王淑英《奚人蕭裕與海陵王的關係——兼釋復辟遼朝活動的失敗》，王利靜《讀〈金史·佞倖傳——蕭裕傳〉書後》，周峰《金代蕭公建家族兩方墓誌銘考釋》等。

　　河北省青龍縣於 2010 年被中國民間文藝家協會命名爲中國奚族文化之鄉，並舉辦了首屆中國奚族文化研討會。在該縣的祖山（遼金時期的箭笴山）發現一處寺院遺址，有的研究者認爲這就是蕭幹的皇宮遺址，由於沒有經過科學的考古發掘，難以驗證其正確性。姚德昌先生是該縣的業餘學者，他發表有《奚國覓蹤》、《淺談奚國的建立——記一個轉瞬即逝的王朝建立的主要因素》、《箭笴山與奚國政權》、《奚國政權爲什麼能夠存在》等文章。近年來學界基本上認可北京市延慶區的古崖居是奚人遺跡，相關的考證文章有陳晢《西奚與古崖居》、趙其昌《北京延慶縣「古崖居」——西奚遺址之探討》等。其它關於奚族的考古與文物類文章還有張秀夫、劉子龍、張翠榮《失落千年的文明——奚王避暑莊的調查》，畢德廣、曾祥江《奚人歷史文化遺存考述》，周峰《奚族碑刻概說》，陳曉偉《奚王蕭福延墓誌三題》，王策《〈唐歸義王李府君夫人清河張氏墓誌〉考》，李義《遼代奚「大王記結親事」碑》，劉鳳翥《契丹大字〈蕭孝忠墓誌銘〉考釋》等。

　　陳永志《奚族爲遼之蕭族論》根據蕭姓家族開始出現的時間正與契丹人徹底征服奚族的時間相銜接的事實，通過契丹人對奚族、蕭族賜姓、聯姻、

授官、同祖同源認同等一系列政治關係的對比考察,結合蕭氏家族墓葬的出土地點與奚族活動地域以及奚族的遺跡、遺物與蕭族墓葬的發現地點相互吻合的關係,進而說明奚族即是遼代的蕭族。該文作者的大膽學術設想使人欽佩,但是從現有史料以及作者的具體論證過程中,還很難得出奚族即蕭族(姑且不提「蕭族」之稱是否合理以及與奚族是否有可比性)的結論。此類文章還有《蕭太后(蕭綽)不是契丹人,是奚族人》等。

第一章　北朝時期的奚族

第一節　北魏時期的奚族

　　對於庫莫奚的起源有多種看法，有的認爲源於鮮卑宇文部，有的認爲源於匈奴。前者以最早記載奚族的《魏書》爲代表：「庫莫奚國之先，東部宇文之別種也。」[註1] 當今史學界基本贊同這一看法。而且這也被最新的分子人類學研究證實，「在系統發育樹上，契丹與鮮卑人群位於同一分支上，表現出最近的遺傳關係，而匈奴人群與蒙古（蒙古國）、蒙古（內蒙古）以及布里亞特人群的遺傳關係相對較近，與鮮卑和契丹人群的遺傳關係相對較遠。以上結果支持了契丹源於鮮卑之說，同時也說明了匈奴和契丹之間可能並不存在直接的源流關係。」又根據多維度分析的結果，「契丹人群與鮮卑人群的遺傳距離最近，而匈奴人群與蒙古（蒙古國）、蒙古（內蒙古）以及布里亞特人群的遺傳距離相對較近，與鮮卑和契丹人群的遺傳距離相對較遠，這進一步驗證了系統發育分析的結果，說明鮮卑與契丹之間可能存在源流關係，而匈奴與契丹之間可能不存在直接的源流關係。」[註2]

　　庫莫奚的出現是與東部鮮卑宇文部的逐漸衰落相關的。公元二世紀鮮卑部落聯盟瓦解後，東部鮮卑興起了宇文、段、慕容三部，三部之間也不時發生聯合與戰爭，後慕容皝（慕容元眞）建立前燕政權，與宇文部的戰爭規模逐漸擴大。公元 343 年二月宇文部的最後一位首領宇文逸豆歸派其國相莫淺

〔註1〕《魏書》卷一〇〇《庫莫奚傳》，中華書局，1974 年，第 2222 頁。

〔註2〕周蜜主編：《中國古代人群線粒體 DNA 研究》，科學出版社，2010 年，第 157 頁。

渾率軍攻前燕。前燕將領都請求出戰，慕容皝不准。莫淺渾以爲慕容皝膽小怯戰，遂荒於飲酒射獵，不加防備。慕容皝說：「渾奢忌已甚，今則可一戰矣」〔註3〕命建威將軍慕容翰率騎兵出擊，莫淺渾大敗，僅以身免，所部都爲前燕軍俘獲。次年二月，慕容皝親率二萬騎兵攻打宇文逸豆歸，以慕容翰和慕容垂爲前鋒。宇文逸豆歸派將領涉奕于率全部軍隊迎擊。「皝馳遣謂翰曰：『奕于雄悍，宜小避之，待虜勢驕，然後取也。』翰曰：『歸之精銳，盡在於此，今若克之，則歸可不勞兵而滅。奕于徒有虛名，其實易與耳，不宜縱敵挫吾兵氣。』」〔註4〕慕容翰率軍出擊，涉奕于戰死，全軍被俘，宇文逸豆歸敗逃，死於漠北。宇文部從此消亡，慕容皝徙其部眾五萬餘落於昌黎（今遼寧義縣），闢地千餘里。還有些宇文部餘眾逃竄在松漠之間（今西拉木倫河與老哈河流域），以後漸漸演變成庫莫奚與契丹。

在庫莫奚形成爲新的民族之際，鮮卑拓跋部也建立了北魏政權。據分子人類學研究，「古代匈奴對拓跋鮮卑有較多的遺傳貢獻，而現代錫伯族可能是拓跋鮮卑的支系後裔。」〔註5〕北魏政權建立之初，即開始了對庫莫奚的戰爭。登國三年（388），北魏太祖拓跋珪親自征討庫莫奚。「五月癸亥，北征庫莫奚。六月，大破之，獲其四部雜畜十餘萬，渡弱落水。班賞將士各有差。」〔註6〕但是庫莫奚不甘心失敗，「秋七月庚申，庫莫部帥鳩集遺散，夜犯行宮。縱騎撲討，盡殺之。」〔註7〕北魏參戰的將領有長孫肥〔註8〕、尉古眞〔註9〕、穆醜善〔註10〕等人。這場戰爭持續時間較長，庫莫奚四個部落遭到打擊，損失了馬牛羊豕等大牲畜十餘萬。在奚族的發展史上是第一次重大的挫敗。對於戰爭的結果，拓跋珪深感滿意。「帝曰：『此群狄諸種不識德義，互相侵盜，有犯王略，故往征之。且鼠竊狗盜，何足爲患。今中州大亂，吾先平之，然後張其威懷，則無所不服矣。』既而車駕南還雲中，懷服燕趙。」〔註11〕

〔註3〕《晉書》卷一〇九《慕容皝載記》，中華書局，1974 年，第 2822 頁。

〔註4〕《晉書》卷一〇九《慕容皝載記》，中華書局，1974 年，第 2822 頁。

〔註5〕周蜜主編：《中國古代人群線粒體 DNA 研究》，科學出版社，2010 年，前言第2 頁。

〔註6〕《魏書》卷二《太祖道武帝紀》，中華書局，1974 年，第 22 頁。

〔註7〕《魏書》卷二《太祖道武帝紀》，中華書局，1974 年，第 22 頁。

〔註8〕《魏書》卷二六《長孫肥傳》，中華書局，1974 年，第 651 頁。

〔註9〕《魏書》卷二六《尉古眞傳》，中華書局，1974 年，第 655 頁。

〔註10〕《魏書》卷二七《穆崇傳附宗人醜善傳》，中華書局，1974 年，第 676 頁。

〔註11〕《魏書》卷一〇〇《庫莫奚傳》，中華書局，1974 年，第 2222～2223 頁。

　　登國年間戰爭之後的八十餘年，雙方保持了和平的關係。「十數年間，諸種與庫莫奚亦皆滋盛。及開遼海，置戍和龍，諸夷震懼，各獻方物。」〔註12〕和龍也就是今遼寧省朝陽市，是北魏太武帝於太延二年（436）滅亡北燕而奪取的，當年設置爲鎮，太平眞君五年（444）改設營州，「領郡六，縣十四。戶一千二十一，口四千六百六十四。」〔註13〕營州的設置，其主要目的就是防範東北的庫莫奚與契丹。營州的長官也往往注意保持和庫莫奚的友好關係。崔敬邕在熙平二年（517）之前出任營州刺史，在他任內，「庫莫奚國有馬百匹因風入境，敬邕悉令送還，於是夷人感附。」〔註14〕自文成帝興安二年（452）十二月庫莫奚第一次向北魏朝貢，之後持續不斷，有的年份還多達三次。可見，朝貢僅僅是形式，其更主要的是進行貿易。庫莫奚進貢的主要是馬與各種毛皮，北魏回賜的物品雖然史籍中沒有明確記載，但應該是中原出產而庫莫奚所無的生產、生活用品，包括陶瓷、絲綢、鐵製工具等等。

　　庫莫奚與北魏在保持著友好的朝貢關係近 20 年後，發生了一次小規模的衝突，孝文帝初（延興元年，471），「庫莫奚寇邊，以休爲使持節、侍中、都督諸軍事、征東大將軍、領護東夷校尉、儀同三司、和龍鎮將。休撫防有方，賊乃款附。」〔註15〕與拓跋休同時出征的可能還有濟陰王小新成，與拓跋休「撫防」的手段不同，小新成採取了智取的策略。「庫莫奚侵擾，詔新成率眾討之。新成乃多爲毒酒，賊既漸逼，便棄營而去。賊至，喜而競飲，聊無所備。遂簡輕騎，因醉縱擊，俘馘甚多。」〔註16〕這次雙方的衝突應該是小規模的衝突，之後，雙方仍保持了近 20 年的朝貢關係。太和十四年（490），「五月己酉，庫莫奚犯塞，安州都將樓龍兒擊走之。」〔註17〕安州在今河北省隆化縣境內，庫莫奚的這次進犯是與地豆于一同進行的，而且當年多次侵擾。〔註18〕《魏書·庫莫奚傳》記載此事爲「太和四年，輒入塞內，辭以畏地豆于鈔掠，詔書切責之。」〔註19〕「太和四年」應該是「太和十四年」之誤，而這次進犯應該是以地豆于爲主導，庫莫奚處於脅從地位。太和

〔註12〕《魏書》卷一○○《庫莫奚傳》，中華書局，1974 年，第 2223 頁。
〔註13〕《魏書》卷一○六《地形志上》，中華書局，1974 年，第 2494 頁。
〔註14〕《魏書》卷五七《崔挺傳附從祖弟敬邕傳》，中華書局，1974 年，第 1274 頁。
〔註15〕《魏書》卷一九下《安定王休傳》，中華書局，1974 年，第 517 頁。
〔註16〕《魏書》卷一九上《濟陰王小新成傳》，中華書局，1974 年，第 447 頁。
〔註17〕《魏書》卷七下《高祖孝文帝紀》，中華書局，1974 年，第 166 頁。
〔註18〕《魏書》卷一○五《天象志三》，中華書局，1974 年，第 2418 頁。
〔註19〕《魏書》卷一○○《庫莫奚傳》，中華書局，1974 年，第 2223 頁。

二十二年（498），庫莫奚再次進犯安州，北魏營、燕、幽三州兵數千人將其擊退。「後復款附，每求入塞，與民交易。世宗詔曰：『庫莫奚去太和二十一年以前，與安營二州邊民參居，交易往來，並無疑貳。至二十二年叛逆以來，遂爾遠竄。今雖款附，猶在塞表，每請入塞與民交易。若抑而不許，乖其歸嚮之心；聽而不虞，或有萬一之警。不容依先任其交易，事宜限節，交市之日，州遣上佐監之。』自是已後，歲常朝獻，至於武定末不絕。」〔註20〕可見，除了官方的朝貢貿易外，應庫莫奚的請求，北魏還開放了邊境雙方百姓之間的互市貿易，有著固定的開市日期，並且有官員監督，以保證市場的安全與交易的公平。

綜觀庫莫奚與北魏之間一百五十餘年之間的關係，除了最初的大規模戰爭以及後來個別小的邊境衝突外，雙方基本上維持了和平的朝貢局面。

庫莫奚與北魏關係年表

時　　間	事　　件	出處（《魏書》）
登國三年（388）	五月癸亥，北征庫莫奚。六月，大破之，獲其四部雜畜十餘萬，渡弱落水。班賞將士各有差。	卷二《太祖道武帝紀》，第22頁。
登國三年（388）	秋七月庚申，庫莫部帥鳩集遺散，夜犯行宮。縱騎撲討，盡殺之。	卷二《太祖道武帝紀》，第22頁。
興安二年（452）十二月	庫莫奚、契丹、罽賓等十餘國各遣使朝貢。	卷五《高宗文成帝紀》，第113頁。
興光元年（453）九月庚申	庫莫奚國獻名馬，有一角，狀如麟。	卷五《高宗文成帝紀》，第113頁。
皇興元年（467）二月	高麗、庫莫奚、具伏弗、郁羽陵、日連、匹黎尒、于闐諸國各遣使朝貢。	卷六《顯祖獻文帝紀》，第128頁。
皇興二年（468）四月	高麗、庫莫奚、契丹、具伏弗、郁羽陵、日連、匹黎尒、叱六手、悉萬丹、阿大何、羽真侯、于闐、波斯國各遣使朝獻。	卷六《顯祖獻文帝紀》，第128頁。
皇興三年（469）二月	蠕蠕、高麗、庫莫奚、契丹國各遣使朝獻。	卷六《顯祖獻文帝紀》，第129頁。
皇興四年（470）正月	高麗、庫莫奚、契丹各遣使朝獻。	卷六《顯祖獻文帝紀》，第130頁
延興二年（472）八月	地豆于、庫莫奚國遣使朝貢。	卷七上《高祖孝文帝紀》，第137頁。

〔註20〕《魏書》卷一〇〇《庫莫奚傳》，中華書局，1974年，第2223頁。

延興三年（473）八月乙酉	高麗、庫莫奚國並遣使朝獻。	卷七上《高祖孝文帝紀》，第137頁。
延興四年（474）九月丙子	契丹、庫莫奚、地豆于諸國各遣使朝獻。	卷七上《高祖孝文帝紀》，第141頁。
延興五年（475）五月丁酉	契丹、庫莫奚國各遣使獻名馬。	卷七上《高祖孝文帝紀》，第141頁。
承明元年（476）二月	蠕蠕、高麗、庫莫奚、波斯諸國並遣使朝貢。	卷七上《高祖孝文帝紀》，第142頁。
承明元年（476）七月	高麗、庫莫奚國並遣使朝貢。	卷七上《高祖孝文帝紀》，第142頁。
承明元年（476）九月	高麗、庫莫奚、契丹諸國並遣使朝獻。	卷七上《高祖孝文帝紀》，第142頁。
太和元年（477）二月癸未	高麗、契丹、庫莫奚國各遣使朝獻。	卷七上《高祖孝文帝紀》，第144頁。
太和元年（477）三月	庫莫奚、契丹國各遣使朝獻。	卷七上《高祖孝文帝紀》，第144頁。
太和元年（477）十月	庫莫奚、契丹國各遣使朝獻。	卷七上《高祖孝文帝紀》，第144頁。
太和元年（477）十月丙子	庫莫奚、契丹國各遣使朝貢。（此事疑和上件事是同一件事——筆者注）	卷七上《高祖孝文帝紀》，第144頁。
太和三年（479）九月庚申	高麗、吐谷渾、地豆于、契丹、庫莫奚、龜茲諸國各遣使朝獻。	卷七上《高祖孝文帝紀》，第147頁。
太和十四年（490）五月己酉	庫莫奚犯塞，安州都將樓龍兒擊走之。	卷七下《高祖孝文帝紀》，第166頁。
太和十四年（490）	地豆于及庫莫奚頻犯塞。	卷一〇五《天象志三》，第2418頁。
太和十七年（493）五月乙卯	宕昌、陰平、契丹、庫莫奚諸國並遣使朝獻。	卷七下《高祖孝文帝紀》，第171頁。
太和二十二年（498）	入寇安州，營、燕、幽三州兵數千人擊走之。	卷一〇〇《庫莫奚傳》，第2223頁。
正始四年（507）八月庚子	庫莫奚、宕昌、吐谷渾諸國遣使朝獻。	卷八《世宗宣武帝紀》，第204頁。
永平元年（508）八月庚午	吐谷渾、庫莫奚國並遣使朝貢。	卷八《世宗宣武帝紀》，第206頁。
永平二年（509）八月	高昌、勿吉、庫莫奚諸國並遣使朝獻。	卷八《世宗宣武帝紀》，第208頁。
永平三年（510）十月戊戌	高車、龜茲、難地、那竭、庫莫奚等諸國並遣使朝獻。	卷八《世宗宣武帝紀》，第210頁。

延昌元年（512）十月	嚈噠、于闐、高昌及庫莫奚諸國並遣使朝獻。	卷八《世宗宣武帝紀》，第 212 頁。
延昌二年（513）八月庚戌	嚈噠、于闐、槃陁及契丹、庫莫奚諸國並遣使朝獻。	卷八《世宗宣武帝紀》，第 213 頁。
延昌三年（514）十月	庫莫奚國遣使朝貢。	卷八《世宗宣武帝紀》，第 214 頁。
延昌四年（515）九月	庚申，高昌、庫莫奚、契丹諸國並遣使朝獻。	卷九《肅宗孝明帝紀》，第 223 頁。
正光四年（523）九月丁酉	庫莫奚國遣使朝獻。	卷九《肅宗孝明帝紀》，第 235 頁。
正光五年（524）十二月	嚈噠、契丹、地豆于、庫莫奚諸國並遣使朝貢。	卷九《肅宗孝明帝紀》，第 238 頁。
孝昌二年（526）四月	庫莫奚國遣使朝貢。	卷九《肅宗孝明帝紀》，第 243 頁。
永熙元年（532）六月丙寅	蠕蠕、嚈噠、高麗、契丹、庫莫奚國並遣使朝貢。	卷一一《出帝平陽王紀》，第 283 頁。
永熙元年（532）六月乙酉	高麗、契丹、庫莫奚國遣使朝貢。	卷一一《出帝平陽王紀》，第 284 頁。

第二節　北齊時期的奚族

公元 550 年，丞相高洋廢東魏孝靜帝，建立北齊，建元天保，是為文宣帝。早在東魏時，高洋就建議：「幽、安、定三州北接奚、蠕蠕，請於險要修立城戍以防之。」〔註 21〕並且親自視察施工，務求做到堅固牢靠。北齊建立後，高洋還多次修築長城，西起盧龍塞（今河北省遷安市喜峰口），東到海，作為防禦庫莫奚、契丹等民族的防線。

天保元年（550）十二月，北齊建立伊始，庫莫奚就遣使朝貢。但是北齊卻採取主動進攻的策略，天保三年（552）正月，高洋親自出征，「帝親討庫莫奚於代郡，大破之，獲雜畜十餘萬，分賚將士各有差。以奚口付山東為民。」〔註 22〕隨同出征的有太師斛律金〔註 23〕、左右大都督皮景和〔註 24〕、征西將軍元景安〔註 25〕等人，《北齊書·元景安傳》則明確破庫莫奚的地點

〔註 21〕《北齊書》卷二《神武帝紀下》，中華書局，1972 年，第 22 頁。
〔註 22〕《北齊書》卷四《文宣紀》，中華書局，1972 年，第 56 頁。
〔註 23〕《北齊書》卷一七《斛律金傳》，中華書局，1972 年，第 221 頁。
〔註 24〕《北齊書》卷四一《皮景和傳》，中華書局，1972 年，第 537 頁。
〔註 25〕《北齊書》卷四一《皮景和傳》，中華書局，1972 年，第 542 頁。

在代川，應在今山西北部大同一帶。可見此時的庫莫奚分佈在西起代郡，東到營州的廣闊地域，與中原王朝緊鄰。在這次戰爭中，奚族不但損失了十餘萬的牲畜，而且大量人員被俘，被遷徙到太行山以東，脫離了原居住地，成為奚族內遷（被動）的濫觴。之後的幾年間，庫莫奚與北齊保持了朝貢關係。但時隔不久，很可能由於庫莫奚的侵擾，北齊孝昭帝高演於皇建元年（560）十二月再次征討庫莫奚。「帝親戎北討庫莫奚，出長城，虜奔遁，分兵致討，大獲牛馬，括總入晉陽宮。」〔註26〕在出征前高演曾詢問太子太傅王晞外界對此的看法。「晞曰：『道路傳言。車駕將行。』帝曰：『庫莫奚南侵，我未經親戎，因此聊欲習武。』晞曰：『鑾駕巡狩，為復可爾，若輕有驅使，恐天下失望。』帝曰：『此懦夫常慮，吾自當臨時斟酌。』」〔註27〕由於在戰爭中庫莫奚四散奔逃，北齊軍分路進討，這場戰爭至少持續到皇建二年（561）。當年，領左右大將軍綦連猛「從肅宗討奚賊，大捷，獲馬二千疋，牛羊三萬頭。」〔註28〕由此可看出庫莫奚的財產損失之大。之後，只見庫莫奚向北齊朝貢一次。

北齊立國的短短二十八年之間就與庫莫奚發生了兩次規模較大的戰爭，戰爭中，庫莫奚的人口、財產都遭受了嚴重的損失，庫莫奚的實力遭到削弱。

與北齊並立的北周政權及北周之前的西魏由於與庫莫奚不相鄰，因此幾乎未發生聯繫，只有在西魏大統五年（539），庫莫奚「遣使獻方物」。〔註29〕

庫莫奚與北齊關係年表

時　　間	事　　件	出處（《北齊書》）
天保元年（550）十二月丁丑	茹茹、庫莫奚國並遣使朝貢。	卷四《文宣紀》，第 54 頁。
天保三年（552）正月丙申	帝親討庫莫奚於代郡，大破之，獲雜畜十餘萬，分賚將士各有差。以奚口付山東為民。	卷四《文宣紀》，第 56 頁。
天保四年（553）正月	戊寅，庫莫奚遣使朝貢。	卷四《文宣紀》，第 57 頁。

〔註26〕《北齊書》卷六《孝昭紀》，中華書局，1972 年，第 83 頁。
〔註27〕《北齊書》卷三一《王昕傳附弟晞傳》，中華書局，1972 年，第 421 頁。
〔註28〕《北齊書》卷四一《綦連猛傳》，中華書局，1972 年，第 541 頁。
〔註29〕《周書》卷四九《異域上‧庫莫奚傳》，中華書局，1971 年，第 899 頁。

天保六年（555）十二月戊申	庫莫奚遣使朝貢。	卷四《文宣紀》，第 61 頁。
天保七年（556）九月甲辰	庫莫奚遣使朝貢。	卷四《文宣紀》，第 62 頁。
天保八年（557）八月己巳	庫莫奚遣使朝貢。	卷四《文宣紀》，第 64 頁。
皇建元年（560）十二月	帝親戎北討庫莫奚，出長城，虜奔遁，分兵致討，大獲牛馬，括總入晉陽宮。	卷六《孝昭紀》，第 83 頁。
河清二年（563）	是歲，室韋、庫莫奚、靺鞨、契丹並遣使朝貢。	卷七《武成紀》，第 92 頁。

第二章　隋代的奚族

　　由於隋朝歷時很短，奚族與隋朝的關係也較少見載於史籍。正是在隋朝，奚族名稱由庫莫奚而簡稱為奚。隋初，奚族仍舊依附於突厥，隨著突厥勢力的盛衰而改變著和隋朝的關係。

　　北周時，長孫晟曾作為副使隨同宇文神慶護送下嫁的千金公主到後為東突厥沙鉢略可汗的阿史那攝圖牙帳。長孫晟在突厥與貴族子弟廣泛結交，尤其與為攝圖所忌憚的攝圖之弟處羅侯交情甚篤，結下盟約。並且深入瞭解了突厥的「山川形勢，部眾強弱」。〔註 1〕隋朝建立後，在千金公主的影響下，阿史那攝圖以為北周復仇為名，不斷侵擾隋朝。為此，熟知突厥情況的長孫晟上書說：

　　　　臣聞喪亂之極，必致升平，是故上天啓其機，聖人成其務。伏惟皇帝陛下當百王之末，膺千載之期，諸夏雖安，戎場尚梗。興師致討，未是其時，棄於度外，又復侵擾。故宜密運籌策，漸以攘之，計失則百姓不寧，計得則萬代之福。千凶所係，伏願詳思。臣於周末，忝充外使，匈奴倚伏，實所具知。玷厥之於攝圖，兵強而位下，外名相屬，內隙已彰，鼓動其情，必將自戰。又處羅侯者，攝圖之弟，姦多而勢弱，曲取於眾心，國人愛之，因為攝圖所忌，其心殊不自安，迹示彌縫，實懷疑懼。又阿波首鼠，介在其間，頗畏攝圖，受其牽率，唯強是與，未有定心。今宜遠交而近攻，離強而合弱，通使玷厥，說合阿波，則攝圖迴兵，自防右地。又引處羅，遣連奚、霤，則攝圖分眾，還備左方。首尾猜嫌，腹心離阻，十數年後，承

〔註 1〕《隋書》卷五一《長孫晟傳》，中華書局，1973 年，第 1330 頁。

　　矗討之，必可一舉而空其國矣。〔註2〕

　　在長孫晟的建議中，聯絡奚族，是對付突厥的重要一環。隋文帝任命長孫晟爲車騎將軍，「出黃龍道，齎幣賜奚、霤、契丹等，遣爲嚮導，得至處羅侯所，深布心腹，誘令內附。」〔註3〕

　　隋文帝楊堅開皇三年（583），李崇任幽州總管。「突厥犯塞，崇輒破之。奚、霤、契丹等懾其威略，爭來內附。」〔註4〕

　　開皇中任營州總管的韋沖由於長期在南北邊疆民族地區任職，能夠寬厚地對待少數民族。因此他「懷撫靺鞨、契丹，皆能致其死力。奚、霤畏懼，朝貢相續」。〔註5〕隋文帝開皇十三年（593）正月「丙午，契丹、奚、霤、室韋並遣使貢方物。」〔註6〕

　　《隋書》中有奚族的專傳：

> 奚本曰庫莫奚，東部胡之種也。爲慕容氏所破，遺落者竄匿松、漠之間。其俗甚爲不潔，而善射獵，好爲寇鈔。初臣於突厥，後稍強盛，分爲五部：一曰辱紇王，二曰莫賀弗，三曰契個，四曰木昆，五曰室得。每部俟斤一人爲其帥。隨逐水草，頗同突厥。有阿會氏，五部中爲盛，諸部皆歸之。每與契丹相攻擊，虜獲財畜，因而得賞。死者以葦薄裹屍，懸之樹上。自突厥稱藩之後，亦遣使入朝，或通或絕，最爲無信。大業時，歲遣使貢方物。〔註7〕

《隋書·奚傳》是抄撮《魏書》與《周書》中的《庫莫奚傳》而成，只增添最後兩句等很少內容。其中還將奚族五部之一的「辱紇主」誤寫爲「辱紇王」。〔註8〕

〔註2〕《隋書》卷五一《長孫晟傳》，中華書局，1973年，第1330～1331頁。

〔註3〕《隋書》卷五一《長孫晟傳》，中華書局，1973年，第1331頁。

〔註4〕《隋書》卷三七《李崇傳》，中華書局，1973年，第1123頁。

〔註5〕《隋書》卷四七《韋沖傳》，中華書局，1973年，第1270頁。

〔註6〕《隋書》卷二《高祖紀下》，中華書局，1973年，第37～38頁。

〔註7〕《隋書》卷八四《北狄傳·奚》，中華書局，1973年，第1880～1881頁。

〔註8〕參見張文平、張久和：《庫莫奚基本史料的初步比較研究》，《內蒙古大學學報》（人文社會科學版）2007年第1期。

第三章　唐代的奚族

第一節　唐朝與奚族的關係

　　唐朝初年，奚族大部仍舊依附於突厥，但是對於內附的爲數很少的奚族部落設置了饒樂都督府進行管轄，之後廢除，具體時間不詳，有可能是在武德五年（622）。此年，「分饒樂郡都督府置崇州、鮮州，處奚可汗部落，隸營州都督。」〔註1〕崇州原有 140 戶，554 人。天寶年間，有戶 200，人口 716。崇州下轄一縣昌黎縣，貞觀二年（628），昌黎縣升爲北黎州，寄治於營州東北廢楊師鎮，貞觀八年（634），又降爲崇州屬縣。後來契丹攻陷營州，昌黎縣被遷治於潞縣之古潞城（今北京市通州區境內）。〔註2〕據蘇航博士研究，昌黎縣在唐代墓誌中又被記爲昌利縣，漢人臧崇亮擔任過昌利縣令。〔註3〕鮮州在武則天萬歲通天元年（696）被遷於青州安置，中宗神龍元年（705），遷移、隸屬於幽州。天寶年間，有戶 170，人口 367。鮮州下轄一縣賓從縣，在神龍元年同昌黎縣一樣被遷治於潞縣之古潞城。〔註4〕據蘇航博士研究，漢人郭善摩擔任過賓從縣令。〔註5〕還有一個奚族羈縻州順化州，其設置時間不詳，很可能也是武德五年由饒樂郡都督府析置，下轄一縣懷遠縣，順化州於建中二年（781）被廢除。〔註6〕蘇航博士認爲：「以漢人

〔註1〕《舊唐書》卷三九《地理志二》，中華書局，1975 年，第 1522 頁。
〔註2〕《舊唐書》卷三九《地理志二》，中華書局，1975 年，第 1522～1523 頁。
〔註3〕蘇航：《唐代北方內附蕃部研究》，北京大學博士論文，2006 年，第 62～63 頁。
〔註4〕《舊唐書》卷三九《地理志二》，中華書局，1975 年，第 1523～1524 頁。
〔註5〕蘇航：《唐代北方內附蕃部研究》，北京大學博士論文，2006 年，第 62 頁。
〔註6〕《舊唐書》卷一二《德宗紀上》，中華書局，1975 年，第 329 頁。

擔任羈縻州屬官的制度在李盡忠叛亂之前即已在營州的各族內附羈縻州中開始實施，並非是叛亂之後形勢變化的產物，而這一政策在這些羈縻州遷入到幽州以後仍然得以延續。」〔註7〕

唐高祖武德六年（623）五月，「癸卯，高開道以奚寇幽州，長史王說敗之。」〔註8〕高開道當時佔據蔚州（今河北省蔚縣）一帶，建立所謂的燕國，依附於突厥，他所用來攻打幽州的奚人也應該是附屬於突厥的奚族部眾。之後隨著唐太宗對東突厥不斷用兵，並於貞觀四年（630）滅亡東突厥汗國，在這前後奚族轉而不斷向唐朝朝貢，逐漸成為影響唐朝北部、東北安全的重要勢力，並與契丹號稱為「兩蕃」。〔註9〕

貞觀三年（629），奚族開始向唐朝朝貢，之後的 17 年間朝貢四次。在唐朝對高麗的戰爭中，奚族也積極參與。貞觀十八年（644），「七月甲午，營州都督張儉率幽、營兵及契丹、奚以伐高麗。」〔註10〕此役，奚族首領蘇支從征，並立下戰功。〔註11〕貞觀二十二年（648）十一月，「庚子，契丹帥窟哥、奚帥可度者並率其部內屬。以契丹部為松漠都督，以奚部置饒樂都督。」〔註12〕這是饒樂都督府的第二次被設置，「拜可度者使持節六州諸軍事、饒樂都督，封樓煩縣公，賜李氏。」〔註13〕奚族的五個部設置了五個羈縻州，其中阿會部為弱水州，處和部為祁黎州，奧失部為洛瑰州，度稽部為太魯州，元俟折部為渴野州，各部的首領辱紇主被任命為刺史，隸屬於饒樂都督府。另外唐朝又在營州設置了東夷都護府，長官為東夷校尉，負責管理松漠都督府和饒樂都督府。饒樂都督府在開元二十三年（735）更名為奉誠都督府，天寶初年（742 年左右），恢復原名饒樂都督府。

除了以上饒樂都督府所轄五州和唐高祖所設奚族三個羈縻州外，還有一個奚族羈縻州歸義州較為特殊。歸義州又稱歸德郡，是唐高宗總章年間（668〜670）設置，為了安置歸附的新羅人，僑治於良鄉之廣陽城（位於今北京市房山區良鄉鎮廣陽古城），下轄一縣歸義縣，歸義州後被廢除。但是在開元年

〔註 7〕 蘇航：《唐代北方內附蕃部研究》，北京大學博士論文，2006 年，第 63 頁。
〔註 8〕 《新唐書》卷一《高祖紀》，中華書局，1975 年，第 18 頁。卷二一九《北狄傳‧奚》記幽州長史名為王說，第 6173 頁。
〔註 9〕 《新唐書》卷二一九《北狄傳‧奚》，中華書局，1975 年，第 6174 頁。
〔註 10〕 《新唐書》卷一《太宗紀》，中華書局，1975 年，第 43 頁。
〔註 11〕 《新唐書》卷二一九《北狄傳‧奚》，中華書局，1975 年，第 6173 頁。
〔註 12〕 《舊唐書》卷三《太宗紀下》，中華書局，1975 年，第 61 頁。
〔註 13〕 《新唐書》卷二一九《北狄傳‧奚》，中華書局，1975 年，第 6173 頁。

間（713～741），奚族首領李詩率部落五千帳內附，被安置於廣陽城，再次設置了歸義州。1993 年在離此地不遠的房山區醫院出土了李詩夫人的墓誌（參見附錄二）。至今，在北京市房山區有一村名爲饒樂府村，其來源很可能是饒樂都督府。

北京市房山區饒樂府村

唐代饒樂都督任職者一覽表〔註14〕

時　　間	姓　名	封　　號
太宗貞觀二十二年	可度者	饒樂都督、樓煩縣公
高宗年間	可度者	加授右監門大將軍
玄宗開元年間	李大酺	饒樂都督、左金吾衛大將軍、饒樂郡王（尚固安公主）
	李魯蘇	饒樂都督、保塞軍經略大使、右羽林衛將軍、奉誠郡王（尚東光公主）
	李詩	歸義州都督、左羽林軍大將軍
	李延寵	饒樂都督、懷信王（尚宜芳公主）
	婆固	饒樂都督、昭信王
憲宗元和元年	梅落	饒樂都督、檢校司空、歸誠郡王

〔註14〕此表錄自《唐代松漠都督和饒樂都督任職者一覽表》，載程妮娜著：《古代中國東北民族地區建置史》，中華書局 2011 年，第148～149 頁。

顯慶年間（656～661），可度者與契丹首領窟哥相繼去世，奚族首領匹帝與契丹首領阿卜固聯合發動叛亂。顯慶五年（660），唐廷任命定襄都督阿史德樞賓、左武候將軍延陀梯眞、居延州都督李含珠爲冷陘道行軍總管。第二年，命尙書右丞崔餘慶率以上三將領攻伐奚族、契丹，阿卜固被俘，獻於東都。〔註15〕「擒叛奚謀主匹帝禿帝，斬之。」〔註16〕

唐高宗開耀二年（682），突厥吐屯啜骨咄祿建立後突厥汗國，自立爲頡跌利施可汗。奚族在唐與突厥兩大政權之間，再次依附不定。武則天萬歲通天元年（696），由於營州都督趙文翽對待契丹首領採取粗暴、侮蔑的態度，激起窟哥之孫、松漠都督李盡忠與其妹夫歸誠州刺史孫萬榮的反叛，奚族再次與契丹一起行動，「與突厥相表裏，號『兩蕃』」。〔註17〕出於平叛的需要，唐朝向突厥請求幫助，此時的突厥可汗爲骨咄祿之弟默啜，他幫助唐朝平定了叛亂，並趁機再次控制了契丹與奚族。營州都督府也不得不南遷於漁陽（今天津薊縣）。

唐睿宗延和元年（712），以左羽林衛大將軍幽州都督孫佺、左驍衛將軍李楷洛、左威衛將軍周以悌等爲統帥，率兵十二萬，分爲三路，進討奚族。「次冷陘，前軍楷洛與奚酋李大酺戰不利。佺懼，斂軍，詐大酺曰：『我奉詔來慰撫若等，而楷洛違節度輒戰，非天子意，方戮以徇。』大酺曰：『誠慰撫我，有所賜乎？』佺出軍中繒帛、袍帶與之，大酺謝，請佺還師，舉軍得脫，爭先無部伍，大酺兵躡之，遂大敗，殺傷數萬，佺、以悌皆爲虜禽，送默啜害之。」〔註18〕

唐玄宗開元四年（716），唐朝與突厥發生戰爭，默啜爲屬部所殺。一方面，突厥對契丹、奚族的控制削弱了；另外一方面，契丹、奚族也失去了倚靠的力量。當年八月李大酺與契丹首領李失活降唐，李大酺被封爲饒樂郡王、左金吾衛大將軍、饒樂都督。開元五年（717）三月，「丁巳，以辛景初女封爲固安縣主，妻於奚首領饒樂郡王大酺。」〔註19〕李大酺入朝成婚，唐玄宗「賜物一千五百疋」〔註20〕，並派右領軍將軍李濟護送他們夫妻返回。

〔註15〕《新唐書》卷二一九《北狄傳·契丹》，中華書局1975年，第6168頁。
〔註16〕《冊府元龜》卷九八六《外臣部·征討五》，中華書局，1960年，第11577頁。
〔註17〕《新唐書》卷二一九《北狄傳·奚》，中華書局，1975年，第6174頁。
〔註18〕《新唐書》卷二一九《北狄傳·奚》，中華書局，1975年，第6174頁。
〔註19〕《舊唐書》卷八《玄宗紀上》，中華書局，1975年，第177頁。
〔註20〕《舊唐書》卷一九九下《北狄傳·奚》，中華書局，1975年，第5355頁。

營州都督府也得以在柳城（今遼寧省朝陽市重建）。由於李大酺的降唐，奚族與突厥的關係開始惡化。開元四年，骨咄祿之子默棘連被其弟闕特勤奉爲可汗，稱毗伽可汗。「是時奚、契丹相率款塞，突騎施蘇祿自立爲可汗，突厥部落頗多攜貳。」〔註21〕爲此，毗伽可汗對奚族展開了征討，「奚人民歸順唐朝皇帝。我因其不派使節、不致問候，乃於夏天出征他們。我在那裡破其人民。取其馬匹財物……其軍隊集合起來。在興安嶺……他們住在原地。」〔註22〕

開元八年（720），時爲契丹松漠郡王的李娑固（李失活之弟）被其部下靜析軍副使可突于攻擊，娑固逃到營州。「都督許欽澹以州甲五百，合奚君長李大酺兵共攻可突于，不勝，娑固、大酺皆死，欽澹懼，徙軍入榆關。」〔註23〕李大酺戰死後，其弟李魯蘇繼位。「十年，入朝，詔令襲其兄饒樂郡王、右金吾員外大將軍兼保塞軍經略大使，賜物一千段，仍以固安公主爲妻。」〔註24〕牙官塞默羯曾企圖謀叛，固安公主設酒宴誘殺之，爲此，玄宗給以豐厚獎勵。但是公主與其嫡母關係不合，其嫡母認爲她是庶出，應該以嫡出女嫁給奚王，爲此兩人互相向朝廷告狀。唐廷不得已，令公主與李魯蘇離婚，又以唐中宗女成安公主之女韋氏爲東光公主嫁給了李魯蘇。開元十二年（724）三月，唐玄宗將絹錦三萬段賜給奚族，並對其分配作了詳細規定：「奚有五部落，宜賂物三萬段，先給征行遊奕兵及百姓，餘一萬段與東光公主、饒樂王、衙官、刺史、縣令。」〔註25〕開元十四年（726），又改封李魯蘇爲奉誠王，授右羽林軍員外將軍，奚族大小首領加官進爵者不下二百餘人。

契丹將領可突于在殺松漠郡王李娑固之後，唐朝對其並未加以懲罰，於是可突于又相繼立鬱于、吐于、邵固爲王，自己實掌大權。可突于曾入朝，但是被唐朝大臣所輕視，爲此他圖謀報復。開元十八年（730），可突于殺邵固，立屈烈爲王，「率部落並脅奚眾降於突厥。」〔註26〕李魯蘇難以控制局面，逃奔榆關（今河北省撫寧縣榆關鎮）。東光公主逃奔平盧（今遼寧省朝陽市），

〔註21〕《舊唐書》卷一九四上《突厥傳上》，中華書局，1975年，第5173頁。
〔註22〕 突厥文《毗伽可汗碑》東面第三十九、四十行。參見洪勇明：《古代民族文獻所見「奚」考》，《民族研究》2011年第1期，第53頁。
〔註23〕《新唐書》卷二一九《北狄傳·契丹》，中華書局，1975年，第6170頁。
〔註24〕《舊唐書》卷一九九下《北狄傳·奚》，中華書局，1975年，第5355頁。
〔註25〕《全唐文》卷二九《賜奚契丹等絹綿詔》，中華書局，1983年，第327頁。
〔註26〕《舊唐書》卷一九九下《北狄傳·契丹》，中華書局，1975年，第5352頁。

後回朝。唐朝當即選派將領準備出討可突于，但是未能出兵。「其秋，幽州長史趙含章發清夷軍兵擊奚，破之，斬首二百級。自是奚眾稍稍歸降。」〔註27〕開元二十年（732）三月，信安王李禕任行軍副大總管，與幽州長史趙含章奉命討伐契丹與奚族，可突于率領契丹部眾遠遁，奚族首領李詩率五千帳投降。「詔封李詩爲歸義王兼特進、左羽林軍大將軍同正，仍充歸義州都督，賜物十萬段，移其部落於幽州界安置。」〔註28〕李詩死後，其子李延寵繼位。

開元二十一年（733），可突于再次侵擾。幽州長史薛楚玉派副將郭英傑、吳克勤、鄔知義、羅守忠等率精銳騎兵萬人與投降的奚人一同追擊。追至渝關都山（今河北省青龍縣祖山）時，可突于率領契丹及突厥兵頑抗。「奚眾遂持兩端，散走保險。」〔註29〕唐軍大敗，鄔知義、羅守忠率部下逃回，郭英傑、吳克勤戰死，其部下六千餘人也全部被殺。李延寵可能就是在此次戰役中再次投附了契丹，而造成唐軍大敗。唐玄宗又任命張守珪爲幽州節度使兼御史中丞主持對契丹、奚族的戰爭，張守珪連戰皆勝。開元二十二年（734），「六月壬辰，幽州節度使張守珪俘奚、契丹以獻。」〔註30〕但是，李延寵、可突于等只是詐降。即便如此，唐玄宗非常高興，下詔書撫慰。其《敕投降奚等書》說：

> 敕新來投降奚等：汝本小蕃，不自存立，頃年依我，稍得安全，而常持兩端，遽即背叛，妄恩負義，豈是人心？今者聞汝復歸，亦應知過，仍緣困蹙，未免嫌疑。汝若誠能洗心，永以寄命，便令處置汝等，當須一一聽從，即捨往愆，更期來效。官賞諸事，皆如舊日，各宜自勉，勿不知恩。比嚴寒，汝等部落百姓並平安好。遣書，指不多及。〔註31〕

《敕契丹王據埒可突于等書》說：

> 敕契丹王據埒及衙官可突于、蜀活刺史鬱捷等：順道則吉，惟智慧圖；逆節即凶，豈愚所覺？如卿頃年背誕，實養禍胎，今而知之，亦猶未晚。因是轉災爲福，因敗而成，去百死之危，保萬全之計。則昔者之去，何其悖也！今茲復來，又何智也！皆是卿素有籌

〔註27〕《舊唐書》卷一九九下《北狄傳・奚》，中華書局，1975年，第5356頁。
〔註28〕《舊唐書》卷一九九下《北狄傳・奚》，中華書局，1975年，第5356頁。
〔註29〕《舊唐書》卷一九九下《北狄傳・契丹》，中華書局，1975年，第5353頁。
〔註30〕《新唐書》卷五《玄宗紀》，中華書局，1975年，第138頁。
〔註31〕《全唐文》卷二八五，中華書局，1983年，第2888頁。

略，本於忠誠，率先種人，拔於死地，自爾之後，更有何憂？朕於諸蕃，未嘗負約，況於卿等，更有舊恩。聞卿此來，豁然慰意，一則兵革都息，二則君臣如初。百姓之間，不失耕種，豐草美水，畜牧隨之，更無外虞，且知上策。人生自奉，誰不求安？保此永年，一無他慮，在卿所見，何假朕言？部落初歸，應須安置，可與守珪審定，務依蕃部所欲，想其沃饒之所，適彼寒暑之便，無令下人有所不愜也。冬末寒甚，卿與衙官軍吏刺史已下及部落百姓並平安好。遣書，指不多及。〔註32〕

張守珪知道契丹詐降的陰謀，於當年十二月乙巳發兵討契丹，殺屈烈及可突于，傳首東都。此役，張守珪的部將王悔起了關鍵作用，「遣右衛騎曹王悔詣部計事，屈刺無降意，徙帳稍西北，密引突厥眾將殺悔以叛。契丹別帥李過折與突于爭權不叶，悔因間誘之，夜斬屈刺及突于，盡滅其黨，以眾降。」〔註33〕此役之後，「餘叛奚皆散走山谷。立其酋長李過折為契丹王。」〔註34〕

開元二十三年（735），可突于的餘黨泥禮（也作涅里、涅禮、雅里，也就是後來遼太祖耶律阿保機的七世祖）殺李過折自立。唐朝對此無可奈何，只是下達了沒有明確斥責泥禮的《敕契丹都督泥禮書》：

敕契丹都督泥禮：往者屈烈突于兇惡，無心憂矜百姓，背叛於我，終日自防，丁壯不得耕耘，牛馬不得生養。及依附突厥，而課稅又多，部落吁嗟，卿所見也。李過折因眾人之忿，誅頑凶之徒，諸部酋豪，相率歸我，已令隨事賞賜，亦云且得安寧。過折封王，豈直賞功而已，亦為百姓眾意，賴其撫存。不知近日已來，若為非理，亦聞殺害無罪，棒打又多，眾情不安，遂致非命。然卿彼之蕃法，多無義於君長，自昔如此，朕亦知之。然是卿蕃王，有惡徑殺，為此王者，不亦難乎？但恐卿今為王後，人亦常不自保，誰願作王？卿雖蕃人，是當土豪傑，亦須防慮後事，豈取快志目前？過折既亡，卿初知都督，百姓諸處分，復得安寧以否？張守珪先擬往彼，亦即令便就處置，卿應有官賞，即有處分。夏中甚熱，卿及首領百姓並平安好，今賜卿錦衣一副，並細腰帶七事，至宜領取。遣書，指不

〔註32〕《全唐文》卷二八五，中華書局，1983年，第2888頁。
〔註33〕《新唐書》卷一三三《張守珪傳》，中華書局，1975年，第4549頁。
〔註34〕《舊唐書》卷八《玄宗紀》，中華書局，1975年，第202頁。

多及。〔註35〕

唐玄宗還命令張守珪防備突厥入侵及其與兩蕃的勾結，並注意安撫泥禮，以防其變。其《敕幽州節度張守珪書》曰：

> 敕幽州節度副大使兼御史大夫張守珪：近有降人云：虜騎東下，其數稍眾，固宜有以待之。仍聞兩蕃亦有應接，當是妄語，終須審觀，若保無他，便可信任也。至於兵馬權略，決在一時，卿自審量，不可懸料。然虜騎馳突。難與爭鋒，會是乘其氣衰，然後邀擊，一戰取滅，或在此舉。頃者泥禮自擅，雖以義責，而未有名位，恐其不安，卿可宣示朝旨，使知無他也，並便處置訖奏聞，朕當即有處分。比秋熱，卿及將士已下並平安好，今令趙惠琮一一口具。遣書，指不多及。〔註36〕

後來，「突厥引兵東侵奚、契丹，涅禮與奚王李歸國擊破之。」〔註37〕這個奚王李歸國記載很少，難以明確其經歷，但應與李延寵是不同的二人。唐玄宗下達了兩道同名為《敕奚都督李歸國書》的詔書以示表彰。

其一：

> 敕李歸國：近得守珪表稱，奚衙官耨雲輒構異謀，攜閒部落，兼藏突厥，仍欲圖卿。知卿忠義一心，糾逖無隱，臨危制變，果獲罪人。此雖天誘其衷，亦是卿誠效克著，聞已誅翦，是自滅亡。朕於諸蕃，含養過厚，忝預人類，亦合知恩。但百姓無識，易為驚擾，安危動靜，處之在人，以卿才能，自應率伏，念加威惠，勿使猜嫌。既去亂群，當已寧怗，所設官賞，惟待有功，苟能盡節，何憂不賞？各宜勉勵，以副朕懷。秋涼，卿及衙官已下並平安好。遣書，指不多及。

其二：

> 敕奚都督、右金吾衛大將軍、歸誠王李歸國：朕比聞突厥欲滅卿兩蕃，先敕守珪嚴為防護，今聞泥禮已破凶徒，仍慮其收合餘燼，復來掩襲，卿可與泥禮相為腹背。但突厥不盡，後患終深。卿可伺其歸師，乘其喪氣，與諸將計會，逐要追襲，時不可失，

〔註35〕《全唐文》卷二八五，中華書局，1983年，第2888～2889頁。

〔註36〕《全唐文》卷二八五，中華書局，1983年，第2889頁。

〔註37〕《資治通鑒》卷二一四，中華書局，1956年，第6812～6813頁。

宜自思之。秋深極冷，卿及衙官將士已下並平安好。遣書，指不

多及。〔註38〕

後李延寵迫於張守珪的壓力，又投降唐朝，再次被任命爲饒樂都督，封懷
信王。天寶四年（745）三月，「壬申，封外孫獨孤氏女爲靜樂公主，出降契
丹松漠都督李懷節。封外孫楊氏女爲宜芳公主，出降奚饒樂都督李延寵。」
〔註39〕宜芳公主在離開故國前，留下了一首詩《虛池驛題屛風》，表達了其
離愁別緒，也預示了她日後悲慘的命運：

出嫁辭鄉國，由來此別難。聖恩愁遠道，行路泣相看。沙塞容

顏盡，邊隅粉黛殘。妾心何所斷，他日望長安。〔註40〕

「九月，契丹及奚酋長各殺公主，舉部落叛。」〔註41〕李延寵再次叛亂之後
的事跡不詳。唐朝也因此於天寶五年（746）四月另立婆固（也作娑固）爲昭
信王、饒樂都督，統率奚族，以代替李延寵。之後的天寶十三年（754），時
任范陽節度使的安祿山殺了當時的奚王李日越。唐玄宗在位期間（712～
755），奚族先後朝貢 8 次。唐肅宗、唐代宗在位期間（756～779），奚族先後
朝貢 12 次。

　　唐德宗貞元四年（785）七月，奚族與室韋聯合侵擾振武軍（今內蒙古和
林格爾縣）。十一年（795），幽州擊破奚王啜利，殺傷其 6 萬餘人。唐德宗時
奚族兩次朝貢。

　　唐憲宗元和元年（806），饒樂府都督梅落來朝，襲封歸誠郡王梅落，加
檢校司空。「以部酋索氏爲左威衛將軍、檀薊州遊弈兵馬使，沒辱孤平州遊弈
兵馬使，皆賜李氏。然陰結回鶻、室韋兵犯西城、振武。」〔註42〕唐憲宗一
朝奚族朝貢 4 次。

　　唐文宗大和四年（830），奚族再次襲擾邊境，唐盧龍節度使李載義擊敗
之，俘獲包括統帥茹羯在內的將領二百餘人。文宗賜予茹羯冠帶，授右驍衛
將軍。大和九年（835），奚族大首領匿舍朗入朝。

　　唐宣宗大中元年（847），幽州北部山區諸奚族叛亂，「盧龍張仲武禽酋
渠，燒帳落二十萬，取其刺史以下面耳三百，羊牛七萬，輜貯五百乘，獻京

〔註38〕《全唐文》卷二八五，中華書局，1983 年，第 2889 頁。
〔註39〕《舊唐書》卷九《玄宗紀下》，中華書局，1975 年，第 219 頁。
〔註40〕《全唐詩》卷七。
〔註41〕《舊唐書》卷九《玄宗紀下》，中華書局，1975 年，第 219 頁。
〔註42〕《新唐書》卷二一九《北狄傳·奚》，中華書局，1975 年，第 6175 頁。

師。」〔註43〕此事在李商隱所撰《爲榮陽公賀幽州破奚寇表》中有詳細記載：

> 臣某言：臣得本道進奏官某狀報，某月日，幽州節度使張仲武奏破奚北部落及諸山奚。除舊奚王匿舍朗所管外，殺戮首領丁壯老幼，並殺戮羊牛焚燒軍帳器械等，計二十萬，刺史已下面皮一百具，耳二百隻，奚車五百乘，羊一萬口，牛一千五百頭者。天聲遠疊，廟略遐宣，白虜獲於寧臺，赤夷浮於燕路。臣某中賀。臣竊窺舊史，逖聽前朝，有天子憂邊，清宵輟寐，將軍出塞，白首言歸。至乃或勝或奔，一彼一此，竟困塞郊之柝，那停絕漢之烽。猶欲赦烈旌常，告功祧廟，用其暫勝，謂曰難能。況幽朔巨都，全燕重地，薦臻奚寇，猾亂華人。田豫之護鮮卑，莫能深入；祭肜之軍遼水，惟遣相攻。近歲以來，爲患滋甚，走單于偵邏之路，懷駒支漏泄之姦。張仲武重感國恩，習知邊事，同三師而肆楚，伴五餌以間戎。乘其囂惰之時，俄得翦除之便。燕犀密掛，冀馬潛羈，超距投石者，動過千群；戟手科頭者，略逾萬計。坎三鼓而河流自卻，聲六校而屋瓦皆飛。自是鴟懼喪林，兔忙迷穴；無舟掬指，有地僵屍。未驚紫陌之鳥，前軍已甗；不喚淮山之鶴，後隊仍窮。遂分袁尚之頭顱，仍裂蚩尤之肩髀。穿廬落爐，同甲揚灰。山積雲屯，大收其車乘；角贏耳濕，盡獲其牛羊。柳水載澄，桑河無事；爰施吉語，入解皇威。此皆皇帝陛下功格上元，運膺下武，授茲成算，於彼當仁，震肅九圍，歡呼萬國。昔艱難云始，胡塵首起於盧龍；今開泰有期，漢將先清於涿鹿。人謀允若，靈貺昭然，固已上慶祖宗，下光編策。錄圖《洪範》，競三古之殊九；玉檢金泥，有百神之靈祐。臣雖當防過，不介邊陲，空增氣於懦夫，實叨榮於下將。日圍千里，天蓋九重。奉一月之捷書，唯知抃蹈；獻萬年之壽酒，尚隔班行。念風水於遐藩，寄夢寐於宣室。無任望闕，結戀之至。〔註44〕

此役，奚族的人員、物資都遭受了巨大的損失。

唐懿宗咸通九年（868），奚王突董蘇派大都督薩葛朝貢。之後，契丹逐漸強盛起來，奚族被迫爲契丹所驅使。

〔註43〕《新唐書》卷二一九《北狄傳・奚》，中華書局，1975年，第6175頁。
〔註44〕《全唐文》卷七七二，中華書局，1983年，第8043頁。

第二節　唐代奚人列傳

一、李寶臣

　　李寶臣字爲輔，「范陽城旁奚族也。」〔註45〕他是范陽（今北京市）將領張鎖高的養子，故而又姓張，名忠志。幼年善騎射，被節度使安祿山選爲射生官。「常覘虜陰山，追騎及，射六人盡殪，乃還。」〔註46〕天寶年間，隨安祿山入朝，被玄宗留爲射生子弟，受到信任，能夠出入禁中。安祿山叛亂後，李寶臣逃回范陽，深得安祿山的歡心。「祿山喜，錄爲假子，姓安，常給事帳中。」〔註47〕安祿山進軍長安時，派李寶臣率八千驍騎進入太原，劫持了太原尹楊光翽而回，萬餘追兵不敢迫近。安祿山又命李寶臣扼守井陘路，駐軍於土門。安慶緒任命其爲恒州（今河北省正定縣）刺史。之後安慶緒被九個節度使的軍隊圍困於相州（今河南省安陽市），李寶臣迫於壓力，歸降了唐朝，唐肅宗任命他爲恒州刺史。後史思明任命李寶臣爲工部尚書、恒州刺史、恒趙節度使，率兵三萬鎮守常山。史思明死後，李寶臣不接受史朝義的命令，再次歸降唐朝。被賜予鐵券，官拜開府儀同三司、檢校禮部尚書、恒州刺史，實封二百戶，仍舊爲節度使，以恒州爲成德軍。這時，他才被賜姓名爲李寶臣。

　　當時的李寶臣擁有恒、定、易、趙、深、冀六州之地，後來又得到滄州，擁有步卒五萬人、馬五千匹，是割據的河朔藩鎮中實力最雄厚的。「寶臣以七州自給，軍用殷積，招集亡命之徒，繕閱兵仗，與薛嵩、田承嗣、李正己、梁崇義等連結姻婭，互爲表裏，意在以土地傳付子孫，不稟朝旨，自補官吏，不輸王賦。」〔註48〕早先，李寶臣和淄青節度使李正己都被魏博節度使田承嗣所輕視。後李寶臣的弟弟李寶正娶田承嗣之女，在魏州（今河北省大名縣）與田承嗣的兒子田維擊鞠（打馬球），李寶正馬突然驚了，撞死了田維。田承嗣非常憤怒，捆綁了李寶正向李寶臣問罪。李寶臣謝罪並將球杖交給田承嗣，想讓田承嗣杖責李寶正以示懲罰。田承嗣卻用鞭子打死了李寶正，雙方由此交惡。

　　大曆十年（775），李寶臣和李正己向朝廷控告田承嗣的罪行，請求討伐

〔註45〕《舊唐書》卷一四二《李寶臣傳》，中華書局，1975年，第3865頁。

〔註46〕《新唐書》卷二一一《李寶臣傳》，中華書局，1975年，第5945頁。

〔註47〕《舊唐書》卷一四二《李寶臣傳》，中華書局，1975年，第3865頁。

〔註48〕《舊唐書》卷一四二《李寶臣傳》，中華書局，1975年，第3866頁。

之。唐代宗巴不得割據的藩鎮彼此削弱實力，答應了他們的請求。「即詔寶臣與朱滔及太原兵攻其北，正己與滑亳、河陽、江淮兵攻其南。」〔註49〕李寶臣、李正己會師於棗強（今河北省棗強縣），犒賞將士，但是李寶臣對待部下賞賜大方，而李正己對部下則頗爲吝嗇。這樣兩相比較，宴會還未結束，李正己軍中就怨聲沸騰。李正己怕發生兵變，即時率軍退回。於是只有李寶臣和幽州節度留後朱滔圍攻田承嗣的滄州，連年不下。後李寶臣擒獲田承嗣的心腹將領盧子期，李正己攻取了田承嗣的德州，迫於二李的壓力，田承嗣向李寶臣請和，但是李寶臣拒絕了。

田承嗣爲人非常狡詐，他放還了先前扣留的李正己的使者，將境內的戶口兵糧等數字，詳細地告訴了李正己。「且告曰：『承嗣老矣，今年八十有六，形體支離，無日月焉。己子不令，悅亦孱弱，不足保其後業。今之所有，爲公守耳，曷足辱公師旅焉！』」〔註50〕又畫了李正己的畫像，像對待神像一樣焚香供奉。還對別人說：「眞聖人也！」就是這番兒戲一樣的表演卻使李正己非常高興，停止了對田承嗣的戰事。田承嗣解除了李正己方面的後顧之憂，又對李寶臣展開了攻心之計。他知道李寶臣對故鄉范陽非常嚮往，想要佔據。「乃勒石若讖者瘞之境，教望氣者云有王氣。寶臣掘得之，文曰：『二帝同功勢萬全，將田作伴入幽燕。』『帝』謂寶臣與正己爲二。」〔註51〕又派人說想要將滄州獻給李寶臣，並幫助李寶臣奪取朱滔的范陽。於是李寶臣聽信了田承嗣，與朱滔反目成仇，攻擊朱滔，朱滔逃走。田承嗣「使告寶臣曰：『河內有警急，不暇從公。石上讖文，吾戲爲之耳！』」〔註52〕李寶臣又羞又怒，但也無可奈何，只能退兵。

後李寶臣升遷爲左僕射，封隴西郡王、檢校司空、同中書門下平章事。唐德宗即位後，又拜司空，兼太子太傅。李寶臣名位既高，專擅一方。術士僞造讖語，說李寶臣最終會登上寶座，李寶臣深信不疑。後來術士們怕其騙術敗露，於建中二年（781）春以摻有毒藥的所謂甘露湯毒死了李寶臣，時年 64 歲。李寶臣晚年對部下頗爲猜忌，怕懦弱的兒子李惟岳以後控制不了他們，於是殺大將辛忠義、盧俶、定州刺史張南容、趙州刺史張彭老、許崇俊等二十餘人，自此諸將離心。

〔註49〕《新唐書》卷二一一《李寶臣傳》，中華書局，1975 年，第 5946 頁。
〔註50〕《舊唐書》卷一四二《李寶臣傳》，中華書局，1975 年，第 3867 頁。
〔註51〕《新唐書》卷二一一《李寶臣傳》，中華書局，1975 年，第 5947 頁。
〔註52〕《舊唐書》卷一四二《李寶臣傳》，中華書局，1975 年，第 3868 頁。

二、張孝忠

張孝忠，「本奚之種類。曾祖靖，祖遜，代乙失活部落酋帥。父謐，開元中以眾歸國，授鴻臚卿同正，以孝忠貴，贈戶部尚書。」〔註53〕張孝忠以勇猛聞名於燕、趙之間，當時號稱張阿勞、王沒諾干，二人齊名。阿勞，是孝忠本民族名字。沒諾干，是王武俊本民族名字。

天寶末年，張孝忠因為善於射箭被授予內供奉之職，安祿山奏舉他為偏將。在與九姓突厥的戰爭中，他以功授果毅折衝。安史之亂爆發後，張孝忠擔任亂軍的前鋒。在史朝義失敗後，張孝忠入李寶臣帳下。上元年間（760～761），先後任左領軍郎將、左金吾衛將軍同正、試殿中監，並被賜名孝忠，任飛狐、高陽二軍使。李寶臣認為張孝忠厚重驍勇，對他非常信任，將妻妹昧谷氏嫁給他，並將易州（今河北省易縣）諸鎮兵馬令其掌管。張孝忠在易州前後十餘年，深得民心。

魏博節度使田承嗣侵擾冀州（今河北省冀州市），李寶臣派張孝忠率精騎數千迎戰，「承嗣見其軍整嚴，歎曰：『阿勞在焉，冀未可圖也。』即焚營去。」〔註54〕後李寶臣與幽州節度使朱滔戰於瓦橋，以孝忠為易州刺史，選精騎七千配屬於他，防備幽州。又升任太子賓客、兼御史中丞，封范陽郡王。李寶臣晚年猜忌部下，殺李獻誠等四五人，派人召喚張孝忠，張孝忠懼不敢往。李寶臣又派張孝忠的弟弟張孝節來召，「孝忠命孝節覆命曰：『諸將無狀，連頸受戮，孝忠懼死不敢往，亦不敢叛，猶公之不覲於朝，慮禍而已，無他志也。』孝節泣曰：『兄不行，吾歸死矣！』孝忠曰：『偕往則並命，吾留無患也。』乃歸，果無患。」〔註55〕

不久，李寶臣死，其子惟岳拒不聽命，朝廷命令幽州節度使朱滔討伐。朱滔畏懼張孝忠在其後方興兵，派判官蔡雄去勸說張孝忠：「惟岳孺子，弄兵拒命，吾奉詔伐罪，公乃宿將，安用助逆而不自求福也？今昭義、河東軍已破田悅，而淮西軍下襄陽，梁崇義屍出井中，斬漢江上者五千人，河南軍計日北首，趙、魏滅亡可見。公誠去逆蹈順，倡先歸國，可以建不世功。」〔註56〕張孝忠深以為然，派衙官程華跟隨蔡雄回報朱滔，又派易州錄事參軍董積入朝。唐德宗對其予以嘉獎，任命張孝忠為檢校工部尚書、恆州刺史、

〔註53〕《舊唐書》卷一四一《張孝忠傳》，中華書局，1975年，第3854頁。
〔註54〕《新唐書》卷一四八《張孝忠傳》，中華書局，1975年，第4768頁。
〔註55〕《舊唐書》卷一四一《張孝忠傳》，中華書局，1975年，第3855頁。
〔註56〕《新唐書》卷一四八《張孝忠傳》，中華書局，1975年，第4768頁。

兼御史大夫，充成德軍節度使，命令他與朱滔合兵攻擊李惟岳。張孝忠在恒州的三個女兒及弟弟張孝義都被李惟岳所殺。張孝忠很感激朱滔向朝廷對他的保薦，爲自己的兒子張茂和娶了朱滔之女，雙方關係甚爲親密，於是合兵擊敗李惟岳於束鹿，李惟岳逃回恒州。朱滔請求乘勝追擊，但是張孝忠卻退軍不進，朱滔極爲驚駭。張孝忠的部將對於此舉表示不理解。張孝忠說：「本求破賊，賊已破矣，而恒州多宿將，迫之則死鬥，緩之則改圖。且滔言大而識淺，可以慮始，難與守成。故吾堅壁於此，以待賊之滅耳。」〔註57〕朱滔駐紮於束鹿，不敢進軍。一個多月後，王武俊果然斬李惟岳首以獻，正如張孝忠所料。之後定州刺史楊政義以州歸降，張孝忠於是佔有了易、定二州。李惟岳被殺後，他所有的四州被瓜分，各置觀察使。其中王武俊得到恒州，康日知得到深、趙二州，張孝忠得易州。朝廷在定州設置義武軍，以張孝忠爲檢校兵部尚書、義武軍節度、易定滄等州觀察等使。

後朱滔、王武俊謀叛，將要援救時任魏博節度使的田承嗣之侄田悅，但是擔心張孝忠在後方發難。朱滔又派蔡雄前去勸說。張孝忠說：「李惟岳背國作逆，孝忠歸國，今爲忠臣。孝忠性直，業已效忠，不復助逆矣！往與武俊同行，且孝忠與武俊俱出蕃部，少長相狎，深知其心僻，能翻覆語，司徒當記鄙言，忽有蹉跌，始相憶也！」〔註58〕朱滔又以錢財相利誘，但是張孝忠拒而不從。張孝忠處於朱滔與王武俊之間，四面受敵，他激勵將士，積極備戰，又官加檢校左僕射。爲了幫助張孝忠解除朱滔的威脅，朝廷派神策兵馬使李晟、中官竇文場率軍援助。張孝忠將女兒嫁給了李晟之子李憑，他與李晟勠力同心，朱滔不敢輕易進兵。

建中四年（783），涇原兵變，唐德宗倉皇出逃到奉天（今陝西乾縣）。早年入朝卻被軟禁在京城的前盧龍節度使朱泚在嘩變軍士的擁護下稱帝，改國號爲秦。朔方節度使李懷光也因姦臣盧杞的挑撥而見疑於德宗，鋌而走險加入了叛亂陣營。唐中興名將李晟經歷艱難險阻，終於擊破朱泚、李懷光聯軍，德宗才得以重返長安。張孝忠派大將楊榮國率精銳士卒 600 人跟隨李晟入關平亂，收復長安。

興元元年（784）正月，詔以本官同平章事。滄州原隸屬於成德軍，也被轉隸義武軍，作爲對張孝忠的獎勵。滄州刺史李固烈是李惟岳的妻兄，請求

〔註57〕《新唐書》卷一四八《張孝忠傳》，中華書局，1975 年，第 4768～4769 頁。
〔註58〕《舊唐書》卷一四一《張孝忠傳》，中華書局，1975 年，第 3856 頁。

回恒州。張孝忠派牙將程華到滄州檢查府庫，辦理交接事宜。李固烈離開時有大車數十輛裝載行李，「滄州軍士呼曰：『士皆菜色，刺史不垂賑恤，乃稇載而歸，官物不可得也！』殺固烈而剽之。」〔註59〕亂軍讓程華代理州務。張孝忠隨即命令程華代理刺史。後朱滔、王武俊叛亂稱王，程華與張孝忠相阻隔，不能支持。但是程華能夠固城堅守，一州獲全，朝廷任命他為滄州刺史、御史中丞，充橫海軍使，並改名日華。令其每年以滄州稅錢十二萬貫供給義武軍。

貞元二年（786），河北遭遇蝗災、旱災，米每斗價1500文。戰亂之後，百姓沒有積蓄，餓殍遍野。「孝忠與其下同粗淡，日膳裁豆而已，人服其儉，推為賢將。」〔註60〕三年，張孝忠官加檢校司空，唐德宗還將義章公主嫁給其子茂宗。張孝忠派夫人昧谷氏入朝，親自迎娶。唐德宗給予豐厚的賞賜。

貞元七年（791）三月，張孝忠病死，時年六十二歲。被追封為上谷郡王，贈太傅，再贈魏州大都督，冊贈太師，諡曰貞武。

三、史憲誠

史憲誠，「其先出於奚虜」〔註61〕但也有研究者認為史憲誠是粟特人、回紇（回鶻）藥羅葛氏後裔等看法。〔註62〕其祖父、父親都身居高位。「祖道德，開府儀同三司、試太常卿、上柱國、懷澤郡王。父周洛，為魏博軍校，事田季安，至兵馬大使、銀青光祿大夫、檢校太子賓客、兼御史中丞、柱國、北海郡王。」〔註63〕史憲誠年輕時就以勇猛聞名，隨父從軍。唐憲宗元和年間，魏博節度使田弘正討伐叛亂的平盧節度使李師道，命史憲誠為先鋒率軍四千人渡河，接連攻下城柵，田弘正再以大軍進發，圍攻鄆州（今山東省鄆城縣），平定了李師道之亂，史憲誠因戰功升為御史中丞。

唐穆宗長慶二年（822）年，成德節度使王承宗死後，田弘正從魏州（今河北省大名縣）移駐鎮州（原來的恒州，今河北省正定縣），數月後被牙將王廷湊所殺，朝廷任命田弘正之子田布為魏博節度使，率軍討伐，但手下官

〔註59〕《舊唐書》卷一四一《張孝忠傳》，中華書局，1975年，第3857頁。
〔註60〕《新唐書》卷一四八《張孝忠傳》，中華書局，1975年，第4769頁。
〔註61〕《舊唐書》卷一八一《史憲誠傳》，中華書局，1975年，第4685頁。
〔註62〕參見尹勇：《唐魏博節度使史憲誠族屬再研究——兼論「泛粟特」問題》，《首都師範大學學報》（社會科學版）2010年第4期。
〔註63〕《舊唐書》卷一八一《史憲誠傳》，中華書局，1975年，第4685頁。

兵不聽節制，軍心動搖，幽州朱克融也援助王廷湊，田布無奈自殺。史憲誠當時為中軍都知兵馬使，適逢時局動亂，他想要恢復河朔割據的局面，於是煽動魏博諸軍隨其回到魏州，並被推戴為帥，朝廷只好順勢任命史憲誠為魏博節度使。史憲誠表面雖然服從朝廷，但暗中與王廷湊、朱克融勾結，形成了割據局面。朝廷派派司門郎中韋文恪前往安撫史憲誠，此前汴州節度使李愿被部下趕跑，部將李絺被擁戴為留後，起兵叛亂。史憲誠與李絺相勾結，並為他申請節度使之職，還揚言要渡河幫助李絺。韋文恪抵達後，史憲誠對待他非常傲慢無禮，但是此時李絺被部下所殺的消息傳來，史憲誠立即改變了態度。「更恭謹謂文恪曰：『我本奚，如狗也，唯知識主，雖日加棰不忍離。』」〔註64〕朝廷對於事實上割據的史憲誠也很無奈，只能表面給予優厚待遇，加官左僕射。唐敬宗即位後，又升為司空。

太和二年（828），滄景節度使李全略死，其子李同捷上表請求繼任節度使，朝廷舉兵討伐。史憲誠與李全略有姻親關係，同李同捷相勾結，暗中助其糧餉。唐文宗再三派出使者規勸他，又陞官同中書門下平章事。但是史憲誠卻派屬下到京城偵查，且狂妄放言，宰相韋處厚切責之，史憲誠才有所收斂，派兵協同圍剿李同捷。義成節度使李聽很快討平了李同捷。「憲誠不自安，請納地，進檢校司徒兼侍中，徙河中，封千乘郡公，以李聽代。」〔註65〕史憲誠將要離開，但是擔心之前叛變的部下亓志沼，向其弟史憲忠問策。史憲忠讓他上奏朝廷請求相州、衛州分別立帥，以削弱魏博。但是李聽將要到任時，魏博軍亂，牙內都知兵馬使何進滔趁機殺史憲誠，自稱留後，出兵襲擊李聽，大破之。朝廷毫無辦法，只能以何進滔為魏博節度使，追贈史憲誠為太尉。

〔註64〕《新唐書》卷二一○《史憲誠傳》，中華書局，1975年，第5936頁。
〔註65〕《新唐書》卷二一○《史憲誠傳》，中華書局，1975年，第5936頁。

第四章　五代的奚族

第一節　奚族與五代政權

　　《新五代史》記錄了唐末五代之際奚族的狀況。「當唐之末，居陰涼川，在營府之西，幽州之西南，皆數百里。有人馬二萬騎。分爲五部：一曰阿薈部，二曰啜米部，三曰粵質部，四曰奴皆部，五曰黑訖支部。後徙居琵琶川，在幽州東北數百里。」〔註1〕雖然經過遼朝初期對奚族的多次征討，大部分奚族被契丹征服、統治。但與遼前期大致並立的五代政權統治區域內也居住著一些奚人。「契丹阿保機彊盛，室韋、奚、霤皆服屬之。奚人常爲契丹守界上，而苦其苛虐，奚王去諸怨叛，以別部西徙嬀州，依北山射獵，常採北山麝香、仁參賂劉守光以自託。其族至數千帳，始分爲東，西奚。去諸之族，頗知耕種，歲借邊民荒地種穄，秋熟則來穫，窖之山下，人莫知其處。爨以平底瓦鼎，煮穄爲粥，以寒水解之而飲。」〔註2〕奚王去諸所率領的這部分西奚遷徙到嬀州（今河北省懷來縣），被盤踞幽州的劉守光管轄。北山應是位於今河北省懷來縣、北京市延慶縣北部的海坨山、軍都山等山。

　　近二十年來，在北京市延慶縣張山營鎮海坨山麓和與之接壤的河北省懷來縣發現了多處人工開鑿的洞窟。其中延慶六處，懷來二處，最大的一處是洞溝古崖居。位於張山營鎮的洞溝古崖居建在海拔 800 餘米的山上，佔地面積 5 平方公里，崖壁開鑿面積 2.4 萬平方米。前後溝共有洞窟 117 個，350 多

〔註1〕《新五代史》卷七四《四夷附錄第三》，中華書局，1976 年，第 909 頁。
〔註2〕《新五代史》卷七四《四夷附錄第三》，中華書局，1976 年，第 909 頁。

個開間。分爲三個部分：前溝東山壁爲主洞窟群，有洞窟 48 個；南北坡有洞窟 43 個；後溝東北坡有洞窟 26 個。洞窟一般爲一明兩暗的三間，也有單間和雙間的，高約 2 米，進深 1～6 米，面積約 3～20 平方米。洞內鑿有石燈檯、竈臺、石炕、石水槽、石馬槽等。最大的一處洞窟位於前後溝之間的東山崖上，洞窟有上下貫通的兩層，兩層鑿有 9 個窟室，下層窟內有一大石案，大石案旁有 4 根岩柱支撐上層岩洞。洞前臉有 2 根粗大的岩柱支撐洞頂，現柱已殘壞，只存柱基。

1991 年北京市文物研究所、延慶縣文物管理所曾對古崖居洞窟進行過發掘，出土了唐代繩紋磚、唐代陶盆、遼代銅匙以及遼、金、元、明各代陶瓷片。「此次發掘共清理 13 洞，洞內堆積多爲近代坍塌後衝入的花崗岩沙礫。出土遺物多屬金元——明清四代，唐遼遺物亦有少量發現，由此暫可推定洞溝崖居的鑿造初始於唐，遼金應爲其主要使用時期。」〔註3〕

北京大學建築學研究中心聚落研究小組對古崖居進行過考察，認爲「分佈在山區中的高壟之地的崖居，環境溫度從山下到山頂逐漸降低，冬季居住在高處的人們如果居室不能做到封閉堵實，最易受風寒而導致疾病。而地處山谷凹（坳）地之中的崖居，因周圍山勢呈圍合之勢，只向東南方向開放，這樣就阻擋了冬季的（西）北風侵襲，又可以在夏季引來涼爽的東南季風，在山谷內部形成一處天然的『城郭密固』、適於居住、藏風聚氣的微環境。」〔註4〕

目前對於古崖居的性質看法不一，有的認爲是漢代烽火臺，〔註5〕有的認爲是唐代官府的糧倉，〔註6〕有的認爲是契丹燕王家族陰宅，〔註7〕但是目前學界大多認爲古崖居是去諸所率的西奚開鑿並居住的，並爲後代所沿用。〔註8〕

〔註3〕 王策、李達：《延慶洞溝古崖居遺址》，《中國考古學年鑒 1992》，文物出版社，1994 年，第 149 頁

〔註4〕 北京大學建築學研究中心聚落研究小組編著：《古崖居考》，中國建築工業出版社，2011 年，第 11 頁。

〔註5〕 http://beijing.bytravel.cn/Scenery/667/yqgyjyzddwhfht.html。

〔註6〕 王崗：《重訪古崖居》，http://www.bjd.com.cn/pwjc/gdfq/200610/t20061023_106754.htm。

〔註7〕 黃震云：《北京「嬀州古崖居」爲燕王家族陰宅考》，《遼金史論集》（第十輯），中國社會科學出版社，2007 年，第 86～90 頁。

〔註8〕 參見：陳跂：《西奚與古崖居》，《中央民族大學學報》（哲學社會科學版）1998

北京延慶縣古崖居遺址 1、2

北京延慶縣古崖居遺址 3

　　五代時期，西部奚族與後唐政權有著較爲緊密的關係。天祐十五年（919）八月，未建立後唐政權之前的晉王李存勗在魏州（今河北大名縣西）城外閱兵，「河東、魏博、幽、滄、鎮定、邢洺、麟、勝、雲、朔十鎮之師，及奚、契丹、室韋、吐渾之眾十餘萬，部陣嚴肅，旌甲照曜，師旅之盛，近代爲最。」〔註9〕可見奚人在李存勗的部隊中佔有一定比重。由於西部奚族受控制於劉仁恭、劉守光父子，因此他們的軍隊中也有奚人。「奚、霫部落，當劉仁恭及男守光之時，皆刺面爲義兒，伏燕軍指使。」〔註10〕

　　　　年第 3 期；趙其昌：《北京延慶縣「古崖居」——西奚遺址之探討》，《北京文博》2002 年第 2 期。
〔註9〕 《舊五代史》卷二八《唐書四·莊宗紀第二》，中華書局，1976 年，第 391 頁。
〔註10〕 《宋會要輯稿·蕃夷一》，郭聲波點校：《宋會要輯稿·蕃夷道釋》本，四川

　　西部奚的奚王去諸死後，其子掃剌即繼位。「莊宗破劉守光，賜掃剌姓李，更其名紹威。紹威卒，子拽剌立。同光以後，紹威父子數遣使朝貢。初，紹威娶契丹女舍利逐不魯之姊爲妻，後逐不魯叛亡入西奚，紹威納之。晉高祖入立，割幽州雁門以北入於契丹，是時紹威與逐不魯皆已死，耶律德光已立晉北歸，拽剌迎謁馬前，德光曰：『非爾罪也。負我者，掃剌與逐不魯爾。』乃發其墓，粉其骨而揚之。后德光滅晉，拽剌常以兵從。其後不復見於中國。」〔註11〕西部奚與後唐政權保持著較長時間的朝貢關係，後唐滅亡，後晉在遼的扶持下建立，西部奚王去諸之孫、掃剌之子拽剌投降遼朝，並經常隨遼軍南征。遼滅後晉，進入汴京後，後晉將領趙在禮「自鎮赴闕，時契丹首領、奚王拽剌等在洛下，在禮望塵致敬，首領等倨受其禮，加之淩辱，邀索貨財，在禮不勝其憤。」〔註12〕

奚族與後唐通聘、朝貢年表

時　　間	事　件	出　　處
同光元年（923）十二月甲申	淮南楊溥、奚首領李紹威並遣使朝貢。	《舊五代史》卷三〇《唐書六・莊宗紀四》，第422頁。
同光二年（924）二月甲午	奚王李紹威、吐渾李紹魯皆貢馳馬。	《舊五代史》卷三一《唐書七・莊宗紀五》，第430頁。
同光三年（925）十月庚辰	党項進白驢，奚王李紹威進駝馬。	《舊五代史》卷三二《唐書八・莊宗紀六》，第442頁。
同光三年（925）十月壬午	奚、吐渾、突厥皆遣使者來。	《新五代史》卷五《唐本紀第五・莊宗下》，第49頁。
同光四年（926）正月辛巳	吐渾、奚各遣使貢馬。	《舊五代史》卷三四《唐書一〇・莊宗紀八》，第468頁。
長興二年（931）三月辛酉	……奚王副使竭失訖宜賜姓乙，名懷宥，三人並授檢校太子賓客。	《舊五代史》卷四二《唐書一八・明宗紀八》，第576頁。
清泰三年（936）七月	奚首領達剌干遣通事介老奏，奚王李素姑謀叛入契丹，已處斬訖，達剌干權知本部落事。	《舊五代史》卷四八《唐書二四・末帝紀下》，第662頁。

大學出版社，2010年，第25頁。
〔註11〕《新五代史》卷七四《四夷附錄第三》，中華書局，1976年，第909頁。
〔註12〕《舊五代史》卷九七《盧文進傳》，中華書局，1976年，第1178～1179頁。

第二節　五代奚人列傳

一、薛志勤

薛志勤雖然入《舊五代史》列傳，但他卒於光化元年（898）十二月，應該說是唐朝人。可能是由於他一直追隨被追尊爲後唐太祖的李克用，才被收入《舊五代史》。薛志勤，「蔚州奉誠人，小字鐵山。」〔註13〕蔚州治所爲今河北省蔚縣，奉誠就是唐代的奉誠都督府，也就是說薛志勤原爲奉誠都督府的奚人，後其家族定居在蔚州。〔註14〕薛志勤早年任雲州牙將，是振武節度使（治朔州）李國昌的親信。唐僖宗乾符五年（878），他與沙陀兵馬使李盡忠及康君立、程懷信、李存璋等人共同推舉李國昌之子李克用爲留後，以功授右牙都校。「從入達靼，武皇授節雁門，志勤領代北軍使；從入關，收京城，以功授檢校工部尚書、河東右都押牙、先鋒右軍使。」〔註15〕後薛志勤隨李克用攻打佔領長安的黃巢，李克用每日派他與康君立夜襲長安城，燒殺俘掠，使黃巢不得安寧。後李克用至汴州，朱溫在上源驛爲李克用舉辦慶功宴會，對李克用畢恭畢敬，但李克用卻邊喝酒邊罵朱溫。李克用及部下大醉，朱溫發兵圍攻上源驛。薛志勤借酒壯膽，「獨登驛樓大呼曰：『朱僕射負恩無行，邀我司空圖之，吾三百人足以濟事！』」〔註16〕向外射箭，箭無虛發，射死朱溫士卒數十人，並與部屬經過血戰保衛李克用突圍。由此，深得李克用的信任。大順元年（890），唐軍進攻李克用，薛志勤與李承嗣率騎三千大敗唐軍，以功授忻州刺史。後薛志勤又屢立戰功，任大同軍防禦使、檢校司空。乾寧元年（894），代康君立任昭義軍節度使（治所潞州，在今山西省長治市）。薛志勤卒於潞，時年六十二。

二、康　福

鄧小南先生認爲，「五代時期活躍在中原地區的驍將中，有不少出自沙陀、粟特、奚、回鶻等民族。沙陀民族的入主中原，事實上提供了使他們得以更加貼近於中原社會的機會，他們對於中原文化的認同，亦表現得十分強

〔註13〕《舊五代史》卷五五《薛志勤傳》，中華書局，1976 年，第 739 頁。
〔註14〕《資治通鑑》卷二五三載：「貞觀二十二年，以內屬奚可度者部落置饒樂都督府，開元二十三年更名奉誠都督府。薛志勤，其府人也。」
〔註15〕《舊五代史》卷五五《薛志勤傳》，中華書局，1976 年，第 739 頁。
〔註16〕《舊五代史》卷五五《薛志勤傳》，中華書局，1976 年，第 739 頁。

烈。」〔註17〕其看法頗為精當，也正是由於這種原因，很多五代的少數民族將領諱言自己的民族成分，也使後人對其身份難以確曉。在文中被舉例說明的康福正是這種情況。

康福在《舊五代史》、《新五代史》中都有傳。「康福，蔚州人，世為本州軍校。」〔註18〕康福家族很可能同薛志勤一樣，也是定居在蔚州的奉誠都督府奚人。其祖父康嗣，曾任蕃漢都知兵馬使。父親康公政，官至平塞軍使。康福同薛志勤一樣，也是先追隨晉王李克用，任承天軍都監。康福善於騎射，也正是由於這個特長，後唐莊宗李存勗任命他為管理馬政的馬坊使，並對左右說：「我本蕃人，以羊馬為活業。彼康福者，體貌豐厚，宜領財貨，可令總轄馬牧。」〔註19〕從這句話還難以確知康福的民族成分，但可看出其更接近於蕃人而不是漢人。但是《新五代史》卻將李存勗這句話加以改動，成為：「吾家以羊馬為生，福狀貌類胡人而豐厚，胡宜羊馬。」〔註20〕後唐明宗即位，康福相繼任飛龍使、磁州刺史、襄州兵馬都監。康福善長多種蕃語，明宗經常在閒暇時，召康福入便殿，詢問一些時政利弊，而康福則以蕃語回答。「樞密使重誨惡焉，常面戒之曰：『康福但亂奏事，有日斬之！』」〔註21〕康福畏懼，請求外任，出於安重誨的安排，他被任命為涼州刺史，朔方、河西軍節度使。康福怕任職危險，請求明宗更改任所，但明宗不能使安重誨服從。「明宗怒，謂福曰：『重誨遣汝，非吾意也。吾當遣兵護汝，可無憂。』」〔註22〕於是明宗派將軍牛知柔率兵護送康福赴任。經過青岡峽時，遇到大雪，康福派人登山偵查，看到山谷中的煙火，有吐蕃數千帳，沒有察覺到康福到來。於是康福兵分三路突襲，吐蕃人大駭，棄車帳而逃，康福殺戮、俘獲甚多，由此聲名大振。康福在靈武三年，每年糧食都獲得豐收，倉庫充盈，有馬千駟。安重誨又嚮明宗進讒言，康福兩次乞求還朝，第二次上奏的同時，人也回到了汴京。明宗也不歸罪他，改命他為彰義軍節度使，後歷任靜難、雄武節度使，充西面都部署。後唐滅亡，後晉建立後，他改任河中，後還朝，天福七年（942）卒於京師，享年58歲。康福為人粗鄙，沒有

〔註17〕鄧小南：《論五代宋初「胡/漢」語境的消解》，《文史哲》2005 年第 5 期。
〔註18〕《舊五代史》卷九一《康福傳》，中華書局，1976 年，第 1199 頁。
〔註19〕《舊五代史》卷九一《康福傳》，中華書局，1976 年，第 1200 頁。
〔註20〕《新五代史》卷四六《康福傳》，中華書局，1976 年，第 514 頁。
〔註21〕《舊五代史》卷九一《康福傳》，中華書局，1976 年，第 1200 頁。
〔註22〕《新五代史》卷四六《康福傳》，中華書局，1976 年，第 515 頁。

文化。關於他有一則「爛奚」的逸聞非常有名,並被附會同樣爲奚人的宋朝將領黨進身上(詳見宋代部分)。「在天水日,嘗有疾,幕客謁問,福擁衾而坐。客有退者,謂同列曰:『錦衾爛兮!』福聞之,遽召言者,怒視曰:「吾雖生於塞下,乃唐人也,何得以爲爛奚!』」〔註23〕這裡,康福明確自己爲漢人,迴避自己的奚族身份。《新五代史》記此事則有所不同:「福世本夷狄,夷狄貴沙陀,故常自言沙陀種也。福嘗有疾臥閤中,僚佐入問疾,見其錦衾,相顧竊戲曰:『錦衾爛兮!』福聞之,怒曰:』我沙陀種也,安得謂我爲奚?『聞者笑之。」〔註24〕這裡,則說明康福自認爲是沙陀人,同樣也否認了自己的奚族身份。

康福有子三人:長子延沼,歷任隨、澤二州刺史;次子延澤、三子延壽,都任內職。三人都沒有太多的事跡。

〔註23〕《舊五代史》卷九一《康福傳》,中華書局,1976年,第1201頁。
〔註24〕《新五代史》卷四六《康福傳》,中華書局,1976年,第515頁。

第五章　遼代的奚族

第一節　遼太祖對奚族的征服

在遼太祖耶律阿保機建國的過程中，對奚族的征服是諸多戰爭中反覆進行的。在他任撻馬狨沙里時，就開始了對奚族的征討。「時小黃室韋不附，太祖以計降之。伐越兀及烏古、六奚、比沙狨諸部，克之。國人號阿主沙里。」〔註1〕此六奚具體指的是哪些奚族部落，尚不清楚。唐天復元年（901），遙輦氏最後一位可汗痕德即位，耶律阿保機被任命爲迭剌部夷离堇，「專征討，連破室韋、于厥及奚帥轄剌哥，俘獲甚眾。」〔註2〕孟廣耀先生認爲，這個轄剌哥很可能就是遼聖宗朝任奚六部大王蕭觀音奴的祖父搭紇。〔註3〕在討伐奚族的過程中，耶律阿保機採取剿撫並施的策略，在武力進討的同時，對于堅守難以攻取的奚族部落，則予以勸降。

> 及太祖爲迭剌部夷離堇，討奚部，其長朮里偪險而壘，攻莫能下，命曷魯持一笴往諭之。既入，爲所執。乃說奚曰：「契丹與奚言語相通，實一國也。我夷離堇於奚豈有較轢之心哉？漢人殺我祖奚首，夷離堇怨次骨，日夜思報漢人。顧力單弱，使我求援於奚，傳矢以示信耳。夷離堇受命於天，撫下以德，故能有此眾也。今奚殺我，違天背德，不祥莫大焉。且兵連禍結，當自此始，豈爾國之利

〔註1〕《遼史》卷一《太祖紀上》，中華書局，1974年，第1頁。
〔註2〕《遼史》卷一《太祖紀上》，中華書局，1974年，第1～2頁。
〔註3〕孟廣耀：《唐代奚族君長及世次考述》，《求是學刊》1984年第4期，第95頁。

乎。」尤里感其言，乃降。〔註4〕

此尤里只此一見，到底爲何人，是否是奚王抑或是奚族的一個部落首領還難以確認。〔註5〕耶律曷魯是耶律阿保機的堂弟，深爲其信任，所以阿保機派其招降奚族，而他也不辱使命，利用契丹與奚族的親緣關係及天命說勸服了尤里，使其歸降。〔註6〕這件事的具體地點也不可考，但肯定是在較爲險要的山區。尤里的投降只是奚族一部分的降服，其後，阿保機對奚族其它各部的戰爭仍持續不斷。

903 年，耶律阿保機設置了奚迭剌部。「先是德祖俘奚七千戶，徙饒樂之清河，至是創爲奚迭剌部，分十三縣。」〔註7〕906 年「二月，復擊劉仁恭。還，襲山北奚，破之。……十一月，遣偏師討奚、霫諸部及東北女直之未附者，悉破降之。」〔註8〕所謂山北奚，也就是西部奚，是此前奚族首領去諸率領一部分奚族遷居到媯州（今河北省懷來縣）後的名稱。這在《五代會要》中有記載：

> 自天祐初，契丹兵力漸盛，室韋、奚、霫皆受制焉。故奚之部
> 族爲契丹代守邊土，暨虜人虐其首領，去諸怨之，以別部內附，徙
> 於媯州，依北山而居，漸至數千帳，故有東、西奚之號。去諸卒，
> 子掃刺代立。〔註9〕

907 年，耶律阿保機建國稱帝後，仍繼續對奚族各部的征討。910 年「冬十月，烏馬山奚庫支及查剌底、鋤勃德等叛，討平之。」〔註10〕任愛君先生認爲：「烏馬山奚是一支既不能完全等同或重合於奚族部落主體（即東部奚集團，也就是遼朝時期的『奚王府六部五帳分』）的部落集團，也是一支不能完全等同或重合於西部奚集團的部落聯合體，它只是與奚族部落整體完全分離

〔註4〕《遼史》卷七三《耶律曷魯傳》，中華書局 1974 年，第 1220 頁。

〔註5〕有的學者認爲尤里就是轄剌哥。參見任愛君：《契丹對奚族的征服及其統治方略》，《內蒙古社會科學》（漢文版）2010 年第 2 期，第 40 頁。

〔註6〕此事的發生時間各位學者有不同的看法，李錫厚先生認爲發生在 906 年，參見李錫厚：《耶律阿保機傳》，吉林教育出版社，1991 年，第 95 頁；任愛君先生認爲發生在 901 年，參見任愛君：《契丹對奚族的征服及其統治方略》，《內蒙古社會科學》（漢文版）2010 年第 2 期，第 40 頁。筆者認爲後者的看法正確。

〔註7〕《遼史》卷一《太祖紀上》，中華書局，1974 年，第 2 頁。

〔註8〕《遼史》卷一《太祖紀上》，中華書局，1974 年，第 2 頁。

〔註9〕〔宋〕王溥：《五代會要》卷二八《奚》，中華書局，1978 年，第 452 頁。

〔註10〕《遼史》卷一《太祖紀上》，中華書局，1974 年，第 4 頁。

的新的部落集團之一。」〔註11〕在討平了烏馬山奚後，耶律阿保機對西部奚、東部奚進行了征討。911 年正月「丙申，上親征西部奚。奚阻險，叛服不常，數招諭弗聽。是役所向輒下，遂分兵討東部奚，亦平之。於是盡有奚、霫之地。東際海，南暨白檀，西逾松漠，北抵潢水，凡五部，咸入版籍。」〔註12〕由於《遼史》記載的粗疏，我們難以瞭解阿保機征服奚族的整個過程。對於契丹的暴力征服，奚人進行了武裝反抗。天贊二年（923），「三月戊寅，軍於箭笴山，討叛奚胡損，獲之，射以鬼箭。誅其黨三百人，沉之狗河。置奚墮瑰部，以勃魯恩權總其事。」〔註13〕此事，《遼史·營衛志》記載較爲詳細：「初爲五部：曰遙里，曰伯德，曰奧里，曰梅只，曰楚里。太祖盡降之，號五部奚。天贊二年，有東扒里廝胡損者，恃險堅壁於箭笴山以拒命，揶揄曰：『大軍何能爲，我當飲墮瑰門下矣。』太祖滅之。以奚府給役戶，並括諸部隱丁，收合流散，置墮瑰部，因墮瑰門之語爲名，遂號六部奚。命勃魯恩主之，仍號奚王。」〔註14〕箭笴山在今河北省青龍縣，東扒里廝也就是奚族遙里部，胡損又被稱爲胡遜。〔註15〕至此，奚族的大規模反抗終止。

第二節　遼代奚族的組織形式

在遼太祖征服奚族的過程中，可能曾有立契丹人爲奚王以統治奚族的想法，因而才有 913 年其弟「迭剌哥圖爲奚王」〔註16〕的事件，但是由於遼太祖的幾個弟弟多次叛亂，迭剌哥的企圖自然沒有得逞。因此，才有了上文提及的天贊二年（923）三月，遼太祖在征服東扒里廝奚後，增設了墮瑰部，連同原來的遙里、伯德、奧里、梅只、楚里等奚族五部，合稱爲六部奚，以勃魯恩爲奚王，遼代的大部分奚族被置於奚王府的統治之下。

〔註11〕任愛君：《遼代的烏馬山奚》，《北方文物》2010 年第 4 期，第 75 頁。
〔註12〕《遼史》卷一《太祖紀上》，中華書局，1974 年，第 4 頁。
〔註13〕《遼史》卷二《太祖紀下》，中華書局，1974 年，第 18 頁。
〔註14〕《遼史》卷三三《營衛志下·部族下》，中華書局，1974 年，第 387 頁。
〔註15〕《遼史》卷三《太宗紀上》，中華書局，1974 年，第 27 頁。
〔註16〕《遼史》卷一《太祖紀上》，中華書局，1974 年，第 6 頁。另王民信先生錯誤地理解這條史料，認爲「以皇弟迭剌哥圖爲奚王以統之」，即將迭剌哥的名字錯認爲迭剌哥圖。參見王民信：《遼朝統治下的奚族》，《王民信遼史研究論文集》，臺大出版中心，2010 年，第 32 頁。

遼代奚王簡表 〔註 17〕

姓　名	時　　間	事　　件	史　料　出　處
勃魯恩	天贊二年（923）三月	置墮瑰部，因墮瑰門之語爲名，遂號六部奚。命勃魯恩主之，仍號奚王。	《遼史》卷二《太祖紀下》，第 18 頁；《遼史》卷三三《營衛志下·部族下》，第 387 頁。
勞骨寧	會同三年（940）二月己亥	奚王勞骨寧率六節度使朝貢。	《遼史》卷四《太宗紀下》，第 47 頁。
奚和朔奴	保寧中	爲奚六部長	《遼史》卷八五《奚和朔奴傳》，第 1317 頁。
蕭觀音奴	統和十九年（1001）正月辛巳	以祗候郎君班詳穩觀音爲奚六部大王。	《遼史》卷一四《聖宗紀五》，第 156 頁。
題里姑	開泰四年（1015）十月丙子	以旗鼓拽剌詳穩題里姑爲奚六部大王。	《遼史》卷一五《聖宗紀六》，第 177 頁。
蕭蒲奴	太平九年（1029）十月丙戌朔	奚六部大王蕭蒲奴爲都監以討之（討伐大延琳）。	《遼史》卷一七《聖宗紀八》，第 204 頁。
	重熙六年（1037）	再授奚六部大王。	《遼史》卷八七《蕭蒲奴傳》，第 1335 頁。
	重熙十九年（1050）	復爲奚六部大王.	《遼史》卷八七《蕭蒲奴傳》，第 1335 頁。
蕭高九	不詳	（聖宗第十四女）下嫁奚王蕭高九。	《遼史》卷六五《公主表》，第 1006 頁。
中哥之父	約重熙十年（1041）	奚王、西南面都招討王。	《北大王墓誌》
蕭高六	重熙十五年（1046）四月壬戌	以北女直詳穩蕭高六爲奚六部大王。	《遼史》卷一九《興宗紀二》，第 233 頁。
蕭韓家奴	重熙中	改奚六部大王，治有聲。	《遼史》卷九六《蕭韓家奴傳》，第 1399 頁。
奚底	清寧四年（1058）十月戊戌朔	保安軍節度使奚底爲奚六部大王。	《遼史》卷二一《道宗紀一》，第 256 頁。
奚馬六	清寧八年（1062）六月辛丑	以右夷离畢奚馬六爲奚六部大王。	《遼史》卷二二《道宗紀二》，第 261 頁。
蕭福延	咸雍元年（1065）	冊公爲奚王	《蕭福延墓誌》

〔註 17〕　對於遼代奚王世次的研究，有下列論文：孟廣耀《遼代奚王世次考論》，《瀋陽文史研究》（第二輯），1987 年；陳曉偉：《奚王蕭福延墓誌三題》，《宋史研究論叢》（第十一輯），河北大學出版社，2010 年。王善軍《世家大族與遼代社會》（人民出版社，2008 年）有專章《以奚王族爲代表的奚人世家大族》也對此有研究。本表吸取了以上三家的研究成果加以修訂而成。

拾得奴	咸雍七年（1071）七月甲申朔	西南面招討使拾得奴爲奚六部大王。	《遼史》卷二二《道宗紀二》，第270頁。
奚謝家奴	大康元年（1075）六月癸巳	以興聖宮使奚謝家奴知奚六部大王事。	《遼史》卷二三《道宗紀三》，第276頁。
圖趄	大康八年（1082）十一月壬午	權知奚六部大王事圖趄爲本部大王。	《遼史》卷二四《道宗紀四》，第287頁。
涅葛	大安五年（1089）四月甲辰	以知奚六部大王事涅葛爲本部大王。	《遼史》卷二五《道宗紀五》，第298頁。
蕭幹（奚回离保）	大安八年（1092）十一月戊子	漢人行宮都部署奚回离保知奚六部大王事。	《遼史》卷二五《道宗紀五》，第301頁。
	壽昌元年（1095）六月己巳	以知奚六部大王事回里不爲本部大王	《遼史》卷二六《道宗紀》，第308頁。
禿開	壽昌六年（1100）正月癸酉	以太師致仕禿開起爲奚六部大王。	《遼史》卷二六《道宗紀》，第312頁。
馬奴	乾統六年（1106）十一月乙未	馬奴爲奚六部大王。	《遼史》卷二七《天祚皇帝紀一》，第312頁。
蕭遐買（霞末）	天慶七年（1117）十二月丙寅	東北路行軍都統奚霞末知奚六部大王事。	《遼史》卷二八《天祚皇帝紀二》，第336頁。
	保大元年（1121）正月	以蕭遐買爲奚王。	《遼史》卷二九《天祚皇帝紀三》，第342頁。

　　奚王府在遼代有著較高的地位，與北大王府、南大王府、乙室王府合稱爲四大王府。其職官「有二常袞，有二宰相，又有吐里太尉，有奚六部漢軍詳穩，有奚拽剌詳穩，有先離撻覽官。」〔註18〕奚王又稱爲奚六部大王或奚六部長，在其下設知奚王府事，或稱爲知奚六部大王事、權知奚六部大王事。如蕭幹在大安八年（1092）十一月戊子，以漢人行宮都部署之職改任知奚六部大王事，〔註19〕壽昌元年（1095）六月己巳，以知奚六部大王事升任本部大王。〔註20〕末代奚王蕭遐買（霞末）也曾任過知奚六部大王事。「奚六部常袞掌奚之族屬。」〔註21〕常袞、宰相設於遼太宗時。〔註22〕「大常袞班在酋長左右，副常袞總知酋長五房族屬，二宰相匡輔酋長，建明善事。」〔註23〕吐里太尉又稱爲奚六部

〔註18〕《遼史》卷四六《百官志二》，中華書局，1974年，第726頁。
〔註19〕《遼史》卷二五《道宗紀五》，中華書局，1974年，第301頁。
〔註20〕《遼史》卷二六《道宗紀》，中華書局，1974年，第308頁。
〔註21〕《遼史》卷一一六《國語解》，中華書局，1974年，第1536頁。
〔註22〕《遼史》卷三三《營衛志下·部族下》，中華書局，1974年，第388頁。
〔註23〕《遼史》卷八五《奚和朔奴傳》，中華書局，1974年，第1318頁。

吐里、奚六部禿里、奚六部禿里太尉、奚禿里太尉等。金代「諸禿里。禿里一員，從七品。掌部落詞訟、防察違背等事。」〔註24〕很可能金承遼制，奚六部禿里就是掌管奚族六部司法、監察事務的官員。所謂奚六部漢軍詳穩、奚拽剌詳穩應該都是掌管奚軍的武將，由於《遼史》的粗疏蕪雜，《百官志》記載的管理奚軍的機構還有奚軍都指揮使司、奚王府舍利軍詳穩司、看里奚軍詳穩司、涅哥奚軍詳穩司、奚王南剋軍詳穩司、奚王北剋軍詳穩司等等。先離撻覽官是「奚、渤海等國官名，疑即撻林字訛。」〔註25〕此官設於遼聖宗統和四年（986）八月，「置先離闥覽官六員，領于骨里、女直、迪烈于等諸部人之隸宮籍者。」〔註26〕奚王府的先離撻覽應該是管理奚族隸宮籍者。

此外，奚王府還有監軍或都監一職，這應該是負責監督奚軍的官員。如太宗時有奚監軍寅你已，〔註27〕聖宗時有奚王府監軍迪烈、〔註28〕奚王府監軍耶律室魯、〔註29〕奚王都監涅里、〔註30〕奚王府都監蕭阿古軫。〔註31〕需要指出的是奚王府的職官中，有奚人也有契丹人。

遼代奚族主要分佈在古北口至中京的廣闊區域，奚王府一般都位於中京附近。中京建立於聖宗時期，其目的主要是爲了控制奚族。統和二十年（1002），「十二月，奚王府五帳六節度獻七金山土河川地，賜金幣。」〔註32〕所謂獻地，當然是出於契丹統治者的壓力。「聖宗嘗過七金山土河之濱，南望雲氣，有郛郭樓閣之狀，因議建都。擇良工於燕、薊，董役二歲，郛郭、宮掖、樓閣、府庫、市肆、廊廡，擬神都之制。統和二十四年，五帳院進故奚王牙帳地。二十五年，城之，實以漢戶，號曰中京，府曰大定。」〔註33〕中京建立後，宋朝使臣使遼赴中京的途中，都要經過奚族的聚居區，也會經過奚王的府邸，在他們眼中，奚王府當然十分簡陋了。蘇轍在宋哲宗元祐四年（1089，遼道宗大安五年）出使遼朝，在其《奉使契丹二十八首》中有一首

〔註24〕《金史》卷五七《百官志三》，中華書局，1975年，第1330頁。
〔註25〕《遼史》卷一一六《國語解》，中華書局，1974年，第1544頁。
〔註26〕《遼史》卷一一《聖宗紀二》，中華書局，1974年，第124頁。
〔註27〕《遼史》卷三《太宗紀上》，中華書局，1974年，第38頁。
〔註28〕《遼史》卷一一《聖宗紀二》，中華書局，1974年，第119頁。
〔註29〕《遼史》卷一四《聖宗紀五》，中華書局，1974年，第158頁。
〔註30〕《遼史》卷一六《聖宗紀七》，中華書局，1974年，第188頁。
〔註31〕《遼史》卷一七《聖宗紀八》，中華書局，1974年，第206頁。
〔註32〕《遼史》卷一四《聖宗紀五》，中華書局，1974年，第158頁。
〔註33〕《遼史》卷二九《地理志三》，中華書局，1974年，第481～482頁。

《奚君》：〔註34〕

> 奚君五畝宅，封戶一成田。故壘開都邑，遺民雜漢編。
>
> 不知臣僕賤，漫喜殺生權。燕俗嗟猶在，婚姻未許連。〔註35〕

奚王府在中京南，奚王避暑莊則位於中京之北。宋眞宗天禧四年（1020，遼聖宗開泰九年），宋綬出使遼朝，他記載道：「自中京過小河，唱叫山，道北奚王避暑莊，有亭臺。」〔註36〕可見奚王避暑莊也是一處臨山臨水的山水園林。今人通過實地調查，已經發現了該處遺址。在今河北省平泉縣楊樹嶺鎮鉛南溝，有一處夾在南北向兩山之間的遺址，南北長約 1300 米，東西寬約 500 米，總面積約 65 萬平方米。此處的地理形勢符合宋綬的記載，「在遺址東北不過 1 公里處，正好有一好似仰天長嘯的大裂山。……在遺址兩側的山腰上恰好各有一亭臺，在遺址東側又確有一條小河。」〔註37〕可見，此處是奚王避暑納涼的一處山水園林。

奚王府所轄六部到遼聖宗時有了變化，統和十二年（994）十二月，「詔並奚王府奧理、墮隗、梅只三部爲一，其二剋各分爲部，以足六部之數。」〔註38〕二剋也就是南剋和北剋部。

奚五部對應關係表〔註39〕

史書名稱	互相對應的各部（《金史》為姓氏）				
《新唐書》	阿會部（若水州）	處和部（祁黎州）	奧失部（洛環州）	度稽部（太魯州）	元俟折部（渴野州）
《五代會要》	阿會部	啜米部	奧質部	奴皆部	黑訖支部
《新五代史》	阿薈部	啜米部	粵質部	奴皆部	黑訖支部
《遼史》	伯德部	楚里部	奧里部	遙里部	梅只部
《金史》	伯德氏	揣　氏	奧里氏	遙里氏	梅只氏

〔註34〕原詩注：宅在中京南。

〔註35〕〔宋〕蘇轍：《欒城集》卷一六《奉使契丹二十八首》，上海古籍出版社，1987年。

〔註36〕〔宋〕宋綬：《契丹風俗》，載賈敬顏《五代宋金元人邊疆行記十三種疏證稿》，中華書局，2004年，第 111 頁。

〔註37〕張秀夫、劉子龍、張翠榮：《失落千年的文明——奚王避暑莊的調查》，《承德民族歷史與建設文化大市學術論壇文選》，遼寧民族出版社，2006年，第 109 頁。又載《平泉遼文化》，遼寧民族出版社，2008年，第 264 頁。

〔註38〕《遼史》卷一三《聖宗紀四》，中華書局，1974年，第 145 頁。

〔註39〕錄自孟廣耀：《唐以後奚族諸部的對應關係及奚王府所屬諸部剖析》，《北方文物》1987 年第 1 期，第 59 頁。

除了奚王府六部外，遼代還有一些奚族部直屬於中央管轄，有迭剌迭達部、乙室奧隗部、楮特奧隗部、撒里葛部、窈爪部、耨盌爪部、訛僕括部等。

迭剌迭達部。「本鮮質可汗所俘奚七百戶，太祖即位，以爲十四石烈，置爲部。隸南府，節度使屬西南路招討司，戍黑山北，部民居慶州南。」〔註40〕《遼史・太祖紀》記此事爲：「先是德祖俘奚七千戶，徙饒樂之清河，至是創爲奚迭剌部，分十三縣。」〔註41〕孟廣耀先生認爲，此事反映的是鮮質可汗委派重臣撒剌的（德祖）在唐朝光啓年間（885～887）對奚族的戰爭所獲俘虜，人數應爲七千戶，平均每石烈五百戶。〔註42〕迭剌迭達部也就是奚迭剌部，被安置在慶州（今內蒙古巴林右旗）南，爲南大王府管轄，但軍事上隸屬於西南路招討司。奚迭剌部在金元時期成爲乣軍的重要組成部分，元代的兩個奚人石抹氏家族都出身於此部，見下文。

乙室奧隗部和楮特奧隗部。乙室奧隗部，「神冊六年，太祖以所俘奚戶置。隸南府，節度使屬東北路兵馬司。」〔註43〕楮特奧隗部，「太祖以奚戶置。隸南府，節度使屬東京都部署司。」〔註44〕可見，二部都是遼太祖時，以所征服的奚族民戶所設，都隸屬於南宰相府。二部的駐地沒有明確記載，但是聖宗統和三年（985），「帝嘗過藁城，見乙室奧隗部下婦人迪輦等黍過熟未獲，遣人助刈。」〔註45〕孟廣耀先生認爲，「藁城當在中京道東，宜州弘政縣（今義縣）北，顯州西。在今大淩河支流牤牛河和西遼河之間。乙室奧隗部就在這一地區。」〔註46〕乙室奧隗部和楮特奧隗部的節度使也就是兩部的部族軍分別隸屬於東北路兵馬司和東京都部署司，從中我們可以看出兩部駐地的大致區域。東北路兵馬司又名東北路都統軍司、東北路兵馬詳穩司、東北路詳穩司、東北路撻領詳穩司、東北面詳穩司，在《遼史・百官志》中被列爲北面邊防官中長春路諸司之一。〔註47〕東京都部署司又名東京兵

〔註40〕《遼史》卷三三《營衛志下・部族下》，中華書局，1974年，第388頁。

〔註41〕《遼史》卷一《太祖紀上》，中華書局，1974年，第2頁。

〔註42〕參見：孟廣耀：《試論遼朝直轄奚族諸部營──兼論奚人契丹化問題》，《東北地方史研究》1988年第3期，第60頁。

〔註43〕《遼史》卷三三《營衛志下・部族下》，中華書局，1974年，第388頁。

〔註44〕《遼史》卷三三《營衛志下・部族下》，中華書局，1974年，第388頁。

〔註45〕《遼史》卷五九《食貨志上》，中華書局，1974年，第924頁。

〔註46〕孟廣耀：《試論遼朝直轄奚族諸部營──兼論奚人契丹化問題》，《東北地方史研究》1988年第3期，第61頁。

〔註47〕《遼史》卷四六《百官志二》，中華書局，1974年，第745頁。

馬都部署司，在《遼史·百官志》中被列爲北面邊防官中遼陽路諸司之一。
〔註 48〕兩個軍事機構的職能分別是防禦高麗和女眞、室韋諸部，正如史願
《亡遼錄》所說，「遼陽路則東京兵馬都部署司、契丹奚漢渤海四軍都指揮
使司、保州都統軍司、湯河詳穩司、金吾營、杓窊司，控扼高麗；上京長春
路則黃龍府兵馬都部署司、咸州兵馬詳穩司、東北路都統軍司，鎮撫女眞、
室韋諸部。」〔註 49〕長春路與遼陽路都不是正式的行政區劃，而是指以長
春州（今吉林白城市城四家子古城）及遼陽府（今遼寧遼陽市）爲中心的一
定區域。因此，乙室奧隗部的駐地應在長春州附近，應該在上京道區域內；
楮特奧隗部在遼陽府附近，應該在東京路區域內。上引孟廣耀先生的看法，
將楮特奧隗部的駐地置於中京道內的東部，不確，其具體方位應該在東京道
內與上京道臨近的地區，也就是顯州（今遼寧省北鎮市）之西。從上引史料
可看出，楮特奧隗部從事農業生產，且很可能該部的男子由於有從軍的義
務，因而從事農業生產的主力是婦女，由於婦女力量有限，也就難免有誤農
時。

　　「奚有三營：曰撒里葛，曰窈爪，曰耨盌爪。太祖伐奚，乞降，願爲著
帳子弟，籍於宮分，皆設夷离菫。聖宗各置爲部，改設節度使，皆隸南府，
以備畋獵之役。」〔註 50〕撒里葛部、窈爪部、耨盌爪部三部都是聖宗時設置
的，是聖宗三十四部之一。撒里葛部居於澤州（今河北省平泉縣南）東，窈
爪部居潭州（今遼寧省喀喇沁左翼蒙古族自治縣南公營子村）南，三州軍事
上都屬於東京都部署司管轄。

　　訛僕括部情況與撒里葛等三部同，居住在西京道奉聖州望雲縣（今河北
省赤城縣雲州鄉）東部。

　　除了上述各部外，還有一個部的情況較爲特殊，這就是楮特部。「其先曰
窊，阻午可汗以其營爲部。隸南府，節度使屬西北路招討司，司徒居柏坡山
及鍤山之側。石烈二：北石烈。南石烈。」〔註 51〕有的學者認爲：「楮特部係
以窊可汗宮分戶與奚族俘虜共同組建。故遼太祖整頓部落組織時，鋤得（即

〔註 48〕《遼史》卷四六《百官志二》，中華書局，1974 年，第 744～745 頁。
〔註 49〕〔宋〕徐夢莘：《三朝北盟會編》卷二一引《亡遼錄》，上海古籍出版社，1987
　　　　年，第 153 頁。
〔註 50〕《遼史》卷三三《營衛志下·部族下》，中華書局，1974 年，第 388 頁。
〔註 51〕《遼史》卷三三《營衛志下·部族下》，中華書局，1974 年，第 385～386 頁。

楮特）部成爲南宰相府所轄諸部之一。」〔註52〕還有的學者認爲：「楮特部乃由阻午可汗吞併了的一部分奚人所組成。」〔註53〕不管最終結論如何，楮特部中肯定有奚人存在，但其在遼朝較其它奚部更加契丹化。這從《遼史》卷九六的編排中也可看出端倪，該卷的九位傳主都是平定耶律重元的功臣，其中有兩位奚人、兩位楮特部人，楮特部的蕭德和蕭惟信正排在奚人蕭韓家奴和蕭樂音奴之間。可見，在元代編修《遼史》時，對於楮特部與奚族的親緣關係還是十分瞭解的。

第三節　奚族建立政權的唯一嘗試──大奚國

遼代末期，在內憂外困的局面下，身爲遼軍主要統帥的奚人蕭幹趁機建立了歷史上奚族的唯一政權，雖然時間僅僅八個月，但是在奚族的歷史上還是留下了重要一頁。

蕭幹又名回离保。「奚回离保，一名翰，字按懶，奚王忒鄰之後。善騎射，趫捷而勇，與其兄鼉里剌齊名。」〔註54〕現在的遼史學界普遍認爲，《遼史》中記載回离保又名「翰」不對，應該是「幹」，這在其它史籍中都是如此。大安年間（1085～1094），遼道宗到中京，蕭幹任護衛，後升爲鐵鷂軍詳穩。天祚帝天慶年間（1111～1120），任北女直詳穩兼知咸州路兵馬事，改任東京統軍使，升遷爲奚六部大王，兼總知東路兵馬事。在完顏阿骨打起兵反遼後，蕭幹於1114年在戰爭中曾被迫降金，但不久逃回。「甲午歲，太祖破耶律謝十，諸將連戰皆捷，奚鐵驪王回离保以所部降，未幾，遁歸於遼。及遼主使使請和，太祖曰：『歸我叛人阿疏、降人回离保、迪里等，餘事徐議之。』」〔註55〕

保大二年（1122）三月在金兵的進攻下，天祚帝逃奔夾山。十七日，遼秦晉國王耶律淳在南京（今北京市）篡位。「天祚入夾山數日，命令不通。宰相李處溫欲圖佐命恩倖，外假怨軍聲援，潛結都統蕭幹，勸進燕王僭號。燕

〔註52〕任愛君：《契丹對奚族的征服及其統治方略》，《內蒙古社會科學》（漢文版）2010年第2期，第39頁。

〔註53〕愛新覺羅·烏拉熙春、呼格吉勒圖：《初魯得族系考》，《內蒙古大學學報》（人文社會科學版）2007年第6期，第3頁。

〔註54〕《遼史》卷一一四《逆臣傳下·奚回离保》，中華書局，1974年，第1516頁。

〔註55〕《金史》卷六七《奚王回离保傳》，中華書局，1975年，第1587頁。

王者，秦晉國王耶律淳，興宗之孫、道宗洪基弟宗本之子，於天祚爲從叔。初，洪基囚其子濬，欲立淳爲儲貳，不果，已而立天祚。淳守燕十二年，得人心，號燕王，又謂九大王，又謂覃湘大王。在府番漢百官諸軍兵僧道父老數萬人勸進，遂即位於燕，號天錫皇帝，改保大三年爲建福元年，改怨軍爲常勝軍。」〔註56〕

　　耶律淳所建立的政權史稱北遼，蕭幹是該政權的重要支柱，常勝軍是北遼的重要武裝，蕭幹與常勝軍有著很深的淵源。天祚帝天慶六年（1116），渤海人高永昌殺遼東京留守蕭保先，自稱大渤海國皇帝，改元應順，佔領了遼東 50餘州。天祚帝派宰相張琳討伐，在沈州爲支持高永昌的女眞兵所敗。於是天祚帝授燕王耶律淳爲都元帥，招募遼東饑民，取報怨於女眞之意，謂之「怨軍」，分爲前宜營、後宜營、前錦營、後錦營、乾營、顯營、乾顯大營、岩州營共八營 28000 人。怨軍成立後，非但作戰不利，而且接連發生叛亂。保大元年（1121），東南路怨軍將領董小丑因爲征討利州叛亂不利被處死，於是其手下羅青漢、董仲孫等率怨軍作亂。遼都統耶律余睹、蕭幹率兵平叛。郭藥師等人殺了羅青漢數人，接受招安。遼從中選出 2000 人編爲四營，任命郭藥師、張令徽、劉舜仁、甄五臣各自統領。剩下 6000 人分送各路爲禁軍。爲了徹底解決怨軍的問題，耶律余睹向蕭幹建議：「前年兩營叛，劫掠乾州，已從招安；今歲全軍復叛，而攻錦州。苟我軍不來，城破，則數萬居民被害。所謂怨軍，未能報怨於金人，而屢怨叛於我家。今若乘其解甲，遣兵掩殺淨盡，則永決後患。」〔註57〕但蕭幹不同意，認爲「亦有忠義爲一時脅從者，豈可盡誅殺之？」〔註58〕蕭幹對於常勝軍及其將領可以說有活命之恩。北遼建立後，渤海人郭藥師被任命爲都管押常勝軍、涿州留守，成爲常勝軍的統帥。

　　四月，北宋以太師領樞密院事童貫爲陝西、河東、河北路宣撫使，率兵 10 萬進攻北遼政權。由於徽宗的牽制及宋將的無能，宋楊可世部及辛興宗部先後爲蕭幹、耶律大石所敗，「自雄州之南，莫州之北，塘泊之間及雄州之西保州、眞定一帶死屍相枕藉不可勝記」。〔註59〕在戰鬥中，蕭幹親臨前線，從

〔註56〕〔宋〕徐夢莘：《三朝北盟會編》卷五，上海古籍出版社，1987 年，第 33 頁。
〔註57〕〔宋〕葉隆禮撰，賈敬顏、林榮貴點校：《契丹國志》卷一一，上海古籍出版社，1985 年，第 118 頁。
〔註58〕〔宋〕葉隆禮撰，賈敬顏、林榮貴點校：《契丹國志》卷一一，上海古籍出版社，1985 年，第 118 頁。
〔註59〕〔宋〕徐夢莘：《三朝北盟會編》卷七，上海古籍出版社，1987 年，第 50 頁。

容不迫。「賊將蕭幹登孤山，張蓋據胡床以覘我，須臾引去。」〔註60〕

六月，耶律淳病死，其妻蕭普賢為皇太后稱制，改元德興，時任知北院樞密事的蕭幹專政。七月，宋以劉延慶為都統制，率軍 20 萬再次向北遼用兵。這時，北遼政權已內外交困，此前太尉李處溫父子潛通童貫被處死，而「當燕王僭號之初，漢軍多而番軍少，蕭幹建議籍東、西奚二千餘人及內外南北大王、乙室王、皮室猛拽剌司」。〔註61〕已對漢人不再信任。至此，蕭后和蕭幹等人惟恐漢人尤其是常勝軍為變，「將謀之」。〔註62〕郭藥師急召所部，鼓動他們投宋。於是「萬口喧呼，無不響應，遂囚監軍蕭餘慶等，乃遣團練使趙鶴壽帥精兵八千，鐵騎五百，一州四縣奉使來降」。〔註63〕郭藥師的降宋，使北遼失去了一支重要武裝。經文武百官的商議，蕭后迫不得已向宋、金同時奉表稱臣，以維持苟延殘喘的局面。

接到北遼的降表後，徽宗以為收復燕京在即，迫不及待地改燕京名為燕山府，並促令劉延慶從速進軍。劉延慶採納了郭藥師的意見：趁蕭幹的主力在前線，以輕騎突襲燕京，必能得到城內漢人的響應，燕京必取。於是命郭藥師率常勝軍千人為先鋒，楊可世、高世宣等隨後。郭藥師部將甄五臣率瞭解燕京情況的常勝軍 50 人夾雜在入城的城郊居民中奪取迎春門，大軍繼入，燕京 7 個城門分別派將領 2 人率兵 200 守之。這時似乎燕京歸宋必矣。但在這關鍵時刻，宋將非但未安撫城中百姓，反而下達了一條錯誤命令：盡殺城中契丹、奚人。並且宋兵紀律紊亂，到處酗酒搶劫，引起了強烈反抗，而蕭后也命令蕭幹火速回援。「后既知，密遣人召蕭幹等回。幹亦知我師入燕，晝夜來援。或告藥師曰：『城外塵起，必有援兵至。』諸將皆謂延慶遣兵來助。一望則燕王冢上立四軍旗幟矣。方錯愕瞪視，而四軍人馬自南暗門入內，諸門皆啓，鐵騎突出，戰於三市，人皆殊死，戮力迎敵。」〔註64〕這樣，宋軍苦戰三晝夜，外無援兵，僅郭藥師、楊可世及數百士兵僥倖得脫，高世宣等大部將士戰死城內。隨即劉延慶燒營自潰，蕭幹率遼軍進擊，宋兵大敗。至

〔註60〕〔宋〕徐夢莘：《三朝北盟會編》卷七，上海古籍出版社，1987 年，第 49 頁。

〔註61〕〔宋〕葉隆禮撰，賈敬顏、林榮貴點校：《契丹國志》卷一一，上海古籍出版社，1985 年，第 123 頁。

〔註62〕〔宋〕葉隆禮撰，賈敬顏、林榮貴點校：《契丹國志》卷一一，上海古籍出版社，1985 年，第 126 頁。

〔註63〕〔宋〕徐夢莘：《三朝北盟會編》卷九，上海古籍出版社，1987 年，第 66 頁。

〔註64〕〔宋〕徐夢莘：《三朝北盟會編》卷九，上海古籍出版社，1985 年，第 75 頁。

此，宋的兩次攻燕之役都告失敗。

　　蕭幹在北遼政權中起到了中流砥柱的作用。但是北遼政權並未能維持多長時間。十二月五日，金軍攻取居庸關，直接威脅到南京的安危。在此危急關頭，北遼統治者大部分自古北口出逃，到達松亭關（故址在今河北寬城縣西南）時，其內部產生了矛盾。「行至松亭關，議所往，耶律大石林牙者，契丹也，欲歸天祚。四軍大王蕭幹，欲就奚王府立國。於是契丹、奚軍列陣相拒，而分矣。奚、渤海諸軍從蕭幹留奚王府，大石林牙挾蕭后歸陰山見天祚，取蕭后殺之。」〔註65〕蕭幹「即箭笴山自立，號奚國皇帝，改元天復，設奚、漢、渤海三樞密院，改東、西節度使爲二王，分司建官。」〔註66〕箭笴山即今河北省青龍縣祖山，至今山上有寺院遺址，當地傳說這是蕭幹的鐵瓦烏龍殿。〔註67〕據宋人的記載，蕭幹建元爲天皁，自號爲大奚國神聖皇帝。〔註68〕天皁與天復同音，其一應爲誤寫。還有記載蕭幹建元爲天嗣（見下文），應誤。

青龍縣祖山「鐵瓦烏龍殿」遺址

〔註65〕　〔宋〕徐夢莘：《三朝北盟會編》卷一二引《亡遼錄》，上海古籍出版社，1987年，第84頁。

〔註66〕　《遼史》卷一一四《逆臣傳下·奚回离保傳》，中華書局，1974年，第1516頁。《金史》卷六七《奚王回离保傳》記此事爲：「回离保至盧龍嶺，遂留不行，會諸奚吏民於越里部，僭稱帝，改元天復，改置官屬，籍渤海、奚、漢丁壯爲軍。」

〔註67〕　參見耿建擴、傅春秋：《奚國皇宮今何在——河北青龍發現鐵瓦烏龍殿遺址始末》，《光明日報》2007年11月16日；姚德昌：《奚國覓蹤》，《遼金歷史與考古》（第一輯），遼寧教育出版社，2009年。

〔註68〕　〔宋〕徐夢莘：《三朝北盟會編》卷一八，上海古籍出版社，1987年，第129頁。

　　蕭幹建立奚國的時間應在遼保大二年（1122）十二月，其奚、漢、渤海三樞密院的機構設置無疑是模仿遼的建置，但較其多了一個，說明契丹人在奚國的地位不高以及奚族本身民族意識的覺醒。對於奚國的建立，金太祖以威逼利誘相結合的手段告訴蕭幹：「聞汝脅誘吏民，僭竊位號。遼主越在草莽，大福不再。汝之先世臣服於遼，今來臣屬，與昔何異。汝與余睹有隙，故難其來。余睹設有睚眥，朕豈從之。倘能速降，盡釋汝罪，仍俾主六部族，總山前奚眾，還其官屬財產。若尚執迷，遣兵致討，必不汝赦。」〔註69〕蕭幹對此不予理睬。

　　由於奚國北有強大的金軍，南有佔據燕京的宋軍，活動地域大都是山區，供給困難，缺少糧食。「奚人巴輥、韓家奴等引兵擊附近契丹部落，劫掠人畜，群情大駭。」〔註70〕為了生存發展，蕭幹不得不於保大三年（1123）六月領兵出盧龍嶺，攻破景州（今河北省遵化縣）。又敗常勝軍張令徽、劉舜仁部於石門鎮，攻陷薊州（今天津薊縣）。當時形勢十分危急，童貫從京師移文嚴厲斥責宋知燕山府王安中和郭藥師。七月，郭藥師與蕭幹戰於腰鋪，大敗蕭幹，乘勝追擊過盧龍嶺，殺傷過半。「從軍之家悉為常勝軍所得，招降奚、渤海、漢軍五千餘人。宣撫使奏夔離不帥眾犯順，八月十五日大戰峰山，生擒偽阿魯太師，獲耶律德光尊號寶檢、契丹塗金印。」〔註71〕郭藥師也因此「策勳加檢校太傅」。〔註72〕由於戰爭的失敗，使得奚族部眾大為不滿，蕭幹失去了民心。「耶律奧古哲及甥八斤、家奴白底哥等殺之。其妻阿古聞之，自剄而死。」〔註73〕這樣，奚族歷史上唯一的政權大奚國宣告滅亡，其立國時間僅僅八個月。

　　宣和六年（1124）正月六日，宋知河間府詹度得到了蕭幹的首級，獻於朝。「先是，蕭幹敗於峰山，其民皆失其家，歸怨於幹。其部卒白得哥殺之，傳首河間府，詹度上之於朝。」〔註74〕十四日，宋徽宗因為得到耶律氏寶檢、金印、蕭幹的首級，奏告宗廟、社稷，在紫宸殿受賀。「詔曰：屬者虜政暴荒，天用剿絕其國。朕誕膺帝命，克紹先業，取亂侮亡，恢復疆土，施大澤於燕雲之人，舊俗來歸，如水就下，沛然莫之能禦。獨偽四軍大王夔离不悖眾逆

〔註69〕　《金史》卷六七卷《奚王回离保傳》，中華書局，1975年，第1588頁。
〔註70〕　《遼史》卷一一四《逆臣傳下‧奚回离保傳》，中華書局，1974年，第1516頁。
〔註71〕　〔宋〕徐夢莘：《三朝北盟會編》卷一八，上海古籍出版社，1987年，第129頁。
〔註72〕　《宋史》卷四七二《郭藥師傳》，中華書局，1977年，第13738頁。
〔註73〕　《金史》卷六七《奚王回离保傳》，中華書局，1975年，第1588頁。
〔註74〕　〔宋〕徐夢莘：《三朝北盟會編》卷一九，上海古籍出版社，1987年，第133頁。

命，前年首犯王師於白溝，繼復旅拒燕城，旋命偏師攻於廣陽之北。敢干天
之紀，擅即僞位，號神聖皇帝，改年天嗣，襲虜正統。去年輒率其旅若林，
出寇景、薊，痛毒醜類，矯誣神人，罪不容誅。爰飭六師，大敗於峰山，隻
輪不返。甲辰，傳首京師。惟予克相上帝，以遏亂略，皇天助順，宗社垂休。
有此駿功，朕敢專享。可擇日遣官奏告宗廟、社稷，御紫宸殿受賀，夔離不
首級依典禮送大社庫。故茲詔示，想宜知悉。」〔註75〕

第四節　遼代奚人列傳

一、蕭觀音奴

　　蕭觀音奴，字耶寧，奚王搭紇之孫。統和十二年（994），任右祗候郎君
班詳穩，後升至奚六部大王。蕭觀音奴爲人廉潔，「先是，俸秩外，給獐鹿百
數，皆取於民，觀音奴奏罷之。」〔註76〕聖宗及承天太后蕭綽南下伐宋時，
蕭觀音奴與蕭撻凜任先鋒，先後迫降祁州，攻下德清軍，被聖宗獎賞。後升
任同知南樞密院事，生卒年不詳。

二、奚和朔奴

　　奚和朔奴，字籌寧，奚王的後裔。保寧中，任奚六部長也就是奚王。統
和（983～1012）初年，皇太后蕭綽任命耶律休哥總領對北宋的防禦，和朔奴
爲南面行軍副部署，協助耶律休哥。統和四年（986），北宋曹彬、米信等來
侵，對宋來說，也就是所謂的「雍熙北伐」。在南京（今北京）以南的一系列
戰役中，和朔奴所率奚軍與耶律休哥所部互相配合，最終取得了戰爭的勝利，
和朔奴也因而得到褒獎。但戰爭中奚軍也遭受了一些損失，如在涿州城南之
戰中，奚宰相賀斯被宋李繼宣部所殺。〔註77〕和朔奴居功自傲，將並無罪行
的李浩刑訊至死，而他因軍功而並未受到懲罰。統和六年（988）冬，遼軍伐
宋，和朔奴率奚軍擊敗宋軍於狼山，俘獲甚多。統和八年（990），他就奚王
府的官制上表說：「臣竊見太宗之時，奚六部二宰相、二常袞，詔命大常袞班

〔註75〕〔宋〕徐夢莘：《三朝北盟會編》卷一九，上海古籍出版社，1987年，第133頁。
〔註76〕《遼史》卷八五《蕭觀音奴傳》，中華書局，1974年，第1314頁。
〔註77〕〔宋〕李燾：《續資治通鑑長編》卷二七雍熙三年三月，上海古籍出版社，1986
　　　年，第233頁。

在酋長左右，副常袞總知酋長五房族屬，二宰相匡輔酋長，建明善事。今宰相職如故，二常袞別無所掌，乞依舊制。」〔註78〕他的建議得到批准，二常袞的職掌得到恢復。統和十三年（995）秋，和朔奴升遷爲南面行軍都部署，受命出征東北的一個部族兀惹。他首先駐紮於鐵驪，準備糧草數月，然後進軍至兀惹城。兀惹首領烏昭度請降，但是和朔奴想要抄掠兀惹的人口、財產，對其投降的請求不予同意，而命令加緊攻城。這樣導致兀惹的殊死抵抗，和朔奴眼見難以攻克，聽從副部署蕭恒德的建議，從兀惹的東南一路抄掠，經過高麗的北部疆界而回。由於路途遙遠，糧草供給不備，致使將士、戰馬大量死傷，和朔奴因此被降低封爵，以示懲戒。不久，病死。其子烏也，任郎君班詳穩。

三、蕭蒲奴

「蕭蒲奴，字留隱，奚王楚不寧之後。」〔註79〕雖然蕭蒲奴是奚王之後，但是幼年非常窮困，給一個醫生家牧牛，牛啃吃了別人的莊稼，多次遭到鞭打。醫生曾經見到在蕭蒲奴熟睡時，有一條蛇纏繞著他，醫生非常吃驚，認爲他身份不凡，教給他讀書。蕭蒲奴聰敏好學，幾年之後，涉獵經史，熟習騎射。成年後，意氣豪邁。

開泰年間（1012～1021），被選充護衛，稍稍得到進用。但不久就因罪被刺面、流放烏古部。很久之後，被召回，逐漸任要職，升遷至奚六部大王，有治績。太平九年（1029），渤海王族、大祚榮的七世孫大延琳在東京（今遼寧省遼陽市）反叛，蕭蒲奴任都監，率右翼軍與叛軍戰於蒲水。中軍稍稍退卻，蕭蒲奴的右翼軍與左翼軍夾攻之。他派兵先佔據了高麗、女直的重要之地，使大延琳不得求援，又敗叛軍於手山。大延琳逃入城內固守，蕭蒲奴不穿鎧甲縱馬追擊。後遼軍大部隊圍困東京，蕭蒲奴則討平其它叛亂城市，平定盤踞吼山的叛軍，延琳堅守不敢出，後被擒，蕭蒲奴因戰功加兼侍中。

重熙六年（1037），蕭蒲奴改任北阻卜副部署，又被任命爲奚六部大王。十五年（1046），任西南面招討使，征討西夏。蕭蒲奴以兵二千佔據黃河上的浮橋，他聚集大型戰船數十艘，並且準備了大鈎子，大家不知他要幹什麼。戰鬥當天，蕭蒲奴將船布置於河面上，連綿三十餘里，並且派人在上游偵候，

〔註78〕《遼史》卷八五《奚和朔奴傳》，中華書局，1974年，第1318頁。
〔註79〕《遼史》卷八五《蕭蒲奴傳》，中華書局，1974年，第1335頁。

有漂流物則撈取之。遼軍失利，蕭蒲奴還未得到消息，這時有大的樹幹順流漂下，如果撞上浮橋，一定會毀壞浮橋，切斷遼軍歸路，此前蕭蒲奴準備的大鉤子派上了用場，船上的人爭先用大鉤子鉤住樹幹，避免了撞壞浮橋。第二年，蕭蒲奴再次參加西征，率孤軍深入，大掠而還，再任奚六部大王。後退休，病死。

四、耶律斡臘

「耶律斡臘，字斯寧，奚迭剌部人。趫捷有力，善騎射。」〔註80〕保寧（969～979）初年，任遼景宗的護衛。在跟隨景宗狩獵於頜山時，有一隻野豬藏在林莽中，景宗射中，野豬奔出。給景宗牽馬的托滿丟了韁繩就逃了，管馬的鶴骨用身體擋住了景宗，斡臘再射野豬而死。景宗獎賞了他。在赤山狩獵時，又有一隻鹿在狹窄的小路上張角奔出，險些觸及景宗。斡臘用身體擋住景宗，鹿將其撞倒。「帝謂曰：『朕因獵，兩瀕於危，賴卿以免，始見爾心。』遷護衛太保。」〔註81〕

在遼宋戰爭中，耶律斡臘隸屬於樞密使耶律斜軫，敗宋將楊繼業軍於山西。聖宗統和十三年（995）秋，為行軍都監，跟從都部署、奚王和朔奴討伐兀惹烏昭度，數月後至其城下。烏昭度請降，但是和朔奴想要掠奪其財物，不受降，命令四面急攻。烏昭度率眾死守，盡力防禦。在城牆上架設戰棚，誘惑遼軍登上戰棚，既而撤掉戰棚的支柱，攀登上的遼軍覆沒。和朔奴知道難以攻下，想要退兵。副部署蕭恒德認為久征無功，難以交代，如果深入大掠，遠勝空手而歸。耶律斡臘曰：「深入，恐所得不償所損。」〔註82〕但是蕭恒德不從，遼軍沿東南一路擄掠，從高麗北邊邊境而還。道遠糧絕，人馬多死。聖宗處罰了和朔奴、蕭恒德等人。只有耶律斡臘因此前的建議得免。不久之後，耶律斡臘官加同政事門下平章事，任東京留守。開泰年間（1012～1021）病死。

五、蕭拔剌

蕭拔剌，是奚族六部敵穩突呂不的五世孫。三歲父母雙亡，拔剌哀毀不已，宛如成人，被家奴奚列阿不收養。重熙（1032～1055 年）初年，興宗

〔註80〕《遼史》卷九四《耶律斡臘傳》，中華書局，1974 年，第 1382 頁。
〔註81〕《遼史》卷九四《耶律斡臘傳》，中華書局，1974 年，第 1382 頁。
〔註82〕《遼史》卷九四《耶律斡臘傳》，中華書局，1974 年，第 1382 頁。

在奚山狩獵，經過拔剌居所，奚列阿不向興宗近臣說明拔剌的情況，拔剌得以覲見興宗。其時年十歲，但是氣度已經宛如成人。興宗非常高興，賞賜優厚。拔剌成年後，志向遠大，對於仕途毫不熱衷，隱居於奚王嶺之插合谷。興宗以其是名家之後，又被時人稱譽，任命他為舍利軍詳穩。其後經歷不詳。〔註83〕

六、蕭韓家奴

蕭韓家奴，「字括寧，奚長渤魯恩之後。性孝友。」〔註84〕太平年間（1021～1031）中，由祗候郎君而逐漸升遷至敦睦宮使。在與西夏的戰爭中，任左翼都監。後升任北面林牙，隨又任南院副部署，被賜予玉帶，改任奚六部大王，有治績。

清寧初，蕭韓家奴被封為韓國公，歷任南京統軍使、北院宣徽使，又加封為蘭陵郡王。清寧九年（1063），道宗狩獵於太子山，耶律重元叛亂，蕭韓家奴奔赴道宗所在之地。道宗倉促之間想要躲避於北、南大王院，蕭韓家奴與耶律仁先堅決勸止。第二天，耶律重元又來引誘奚族獵人。蕭韓家奴勸告說：「汝曹去順效逆，徒取族滅。何若悔過，轉禍為福。」〔註85〕獵人都聽從了蕭韓家奴。他因功升為殿前都點檢，封荊王，賜資忠保義奉國竭貞平亂功臣。

咸雍二年（1066），任西南面招討使。大康（1075～1084）初，王爵升為吳，被賜予白海東青鶻。皇太子被耶律乙辛誣陷，幽禁於上京，蕭韓家奴上書極力為其洗白冤屈，不被理會。大康四年（1078），再次出任西南面招討使。道宗朝削一字王爵，改封蘭陵王，後病逝。子楊九，官至右祗候郎君班詳穩，贈同中書門下平章事。

七、蕭　德

蕭德，字特末隱，楮特部人。「性和易，篤學好禮法。太平中，領牌印、直宿，累遷北院樞密副使，敷奏詳明，多稱上旨。」〔註86〕遼興宗命令他與林牙耶律庶成修《律令》，對耶律庶成說：「方今法令輕重不倫。法令者，為

〔註83〕《遼史》卷九六《蕭樂音奴傳》，中華書局，1974年，第1401頁。
〔註84〕《遼史》卷九六《蕭韓家奴傳》，中華書局，1974年，第1399頁。
〔註85〕《遼史》卷九六《蕭韓家奴傳》，中華書局，1974年，第1399頁。
〔註86〕《遼史》卷九六《蕭德傳》，中華書局，1974年，第1400頁。

政所先，人命所繫，不可不慎。卿其審度輕重，從宜修定。」〔註87〕修成後，得到了興宗的嘉獎。蕭德改任契丹行宮都部署，賜十五戶宮戶。清寧元年（1055），升遷爲同知北院樞密使，封魯國公。遼道宗因爲蕭德被興宗寵信，升其爲南府宰相。五年（1060），轉任南京統軍使。九年（1063），再次擔任南府宰相。耶律重元之亂時，蕭德奮勇作戰，斬耶律重元之子涅魯古首級以獻，論功封漢王。咸雍初，蕭德想要告老辭官，但是道宗優詔不許。後又封爲尚父，退休。病逝時年七十二歲。

八、蕭惟信

蕭惟信，「字耶寧，楮特部人。」〔註88〕五世祖霞賴，曾任南府宰相。曾祖烏古，曾任中書令。祖父阿古只，曾任知平州。

父親高八，非常聰明，博覽古今。開泰初，高八擔任北院承旨，不久升遷爲右夷离畢，辦事幹練敏捷。相繼任南府宰相、倒塌嶺節度使、知興中府，再次擔任右夷离畢。陵青率眾作亂，事情暴露，高八負責審理，只殺了首惡，其他人都予以釋放。回來向聖宗彙報，得到贊許。

蕭惟信「資沉毅，篤志於學，能辯論」〔註89〕。遼興宗重熙初年才走上仕途，相繼任職至左中丞。重熙十五年（1046），擔任燕趙國王傅，燕趙國王也就是後來的遼道宗耶律洪基。興宗特意告誡蕭惟信：「燕趙左右多面諛，不聞忠言，浸以成性。汝當以道規誨，使知君父之義。有不可處王邸者，以名聞。」〔註90〕蕭惟信對耶律洪基輔導以禮。十七年（1048），升爲北院樞密副使，因事免官，不久，官復原職，兼任北面林牙。清寧九年（1063），耶律重元作亂，進犯灤河行宮，蕭惟信隨從耶律仁先參與平叛，被賜竭忠定亂功臣。後歷任南京留守、左右夷离畢，再任北院樞密副使。大康中，告老辭官，未被允許。樞密使耶律乙辛誣告太子，被太子被廢，朝廷內外都知道是件冤案，但是無人敢說。蕭惟信數次廷爭，也沒有結果。後告老辭官，加官守司徒，不久病逝。

〔註87〕《遼史》卷八九《耶律庶成傳》，中華書局，1974 年，第 1349 頁。
〔註88〕《遼史》卷九六《蕭惟信傳》，中華書局，1974 年，第 1400 頁。
〔註89〕《遼史》卷九六《蕭惟信傳》，中華書局，1974 年，第 1401 頁。
〔註90〕《遼史》卷九六《蕭惟信傳》，中華書局，1974 年，第 1401 頁。

九、蕭樂音奴

蕭樂音奴，字婆丹，是奚族六部敝穩突呂不的六世孫，其父拔剌。樂音奴形象魁偉，善於言辭，通契丹、漢字，精於騎射擊鞠，所結交的都是一時名士。四十歲時，才出任護衛。在平定耶律重元之亂時有功，升任護衛太保，後改任奚族六部南剋，又任旗鼓拽剌詳穩。「監障海東青鶻，獲白花者十三，賜楉柮犀並玉吐鶻。」〔註91〕後被任命為五蕃部節度使，卒年不詳。

十、蕭陽阿

蕭陽阿，字稍隱，蕭樂音奴之子。「端毅簡嚴，識遼、漢字，通天文、相法。」〔註92〕蕭樂音奴在五蕃部節度使任上病逝後，蕭陽阿從五蕃部親自拉著喪車回到奚王嶺，其孝心為時人所稱道。十九歲，為本班郎君。歷任鐵林、鐵鶻、大鷹三軍詳穩。乾統元年（1101），由烏古敵烈部屯田太保改任易州（今河北省易縣）刺史。幸臣劉彥良曾經有事到易州，驕橫無禮，蕭陽阿對其毫不留情。劉彥良返回後，在天祚帝面前詆毀蕭陽阿，天祚帝派人取代蕭陽阿。易州的百姓有千餘人到南京懇請蕭陽阿留任，當天他被任命為武安州（在今內蒙古自治區敖漢旗）觀察使。後歷任烏古涅里、順義、彰信等軍節度使，權知東北路統軍使。耶律狼不、鐸魯斡等人叛亂，蕭陽率三十餘人追捕，身體兩處受傷，生擒十餘人，送到皇帝所在。但因為沒有捕獲首惡，被免官。不久，出任權南京留守，隨即病逝。

十一、蕭圖古辭

蕭圖古辭，「字何寧，楮特部人。」〔註93〕重熙年間走入仕途，以能幹著稱，升遷至左中丞。清寧初年，任北面林牙，改任北院樞密副使。機智敏捷，善於觀察顏色，迎合道宗。「皇太后嘗曰：『有大事，非耶律化哥、蕭圖古辭不能決。』」〔註94〕因此，蕭圖古辭深受道宗寵幸。後任知北院樞密使事。清寧六年（1060），出任知黃龍府。八年（1062），任南府宰相。不久，任北院樞密使，道宗許可他隨機行事。蕭圖古辭為人姦佞，好聚斂，剛愎自用，擅

〔註91〕《遼史》卷九六《蕭樂音奴傳》，中華書局，1974年，第1402頁。
〔註92〕《遼史》卷八二《蕭陽阿傳》，中華書局，1974年，第1293頁。
〔註93〕《遼史》卷一一一《蕭圖古辭傳》，中華書局，1974年，第1494頁。
〔註94〕《遼史》卷一一一《蕭圖古辭傳》，中華書局，1974年，第1494頁。

自變更法律。擔任北院樞密使數月，所推薦、引用的都是耶律重元的黨羽，因此被免爲庶人。後又沒入興聖宮，卒。

十二、蕭孝忠

　　蕭孝忠《遼史》無傳。其墓誌 1954 年出土於遼寧省錦西縣西孤山，正面刻契丹大字 18 行，每行字數不等，共 540 字。誌蓋背面刻漢字 12 行 240 字。漢字墓誌稱：「南贍部州大遼國錦州界內胡僧山西廿里北撒里比部落奚王府東太師所管，刺史位烈虎徛內孫、鐵林軍廂主男、軋寧軍大師、靜江軍節度使蕭孝忠。」我們可知蕭孝忠的祖父是曾任刺史的蕭位烈虎，其父親名字不詳，曾任鐵林軍廂主。蕭孝忠官至靜江軍節度使，靜江軍是桂州（今廣西桂林）的軍號，當時屬於北宋所轄。蕭孝忠任此職是遙授的虛銜，而非實職。王民信先生認爲「蕭孝忠屬東部奚『遙里部』之『撒里必石烈』所管轄」。〔註95〕墓誌還記載了蕭孝忠前後有五位夫人。有三個兒子、四個女兒。據劉鳳翥先生考證，契丹大字墓誌「指出蕭孝忠的祖母是賢哥娘子，她是橫帳孟父房楚國王岩木即遼太祖耶律阿保機的二伯父的後人」。〔註96〕蕭孝忠的夫人有契丹人，也有漢人。蕭孝忠葬於遼道宗大安五年（1089）十二月。

〔註95〕王民信：《遼朝奚族「撒里比部落」》，《慶祝札奇斯欽教授八十壽辰學術論文　　　集》，（臺北）國學文獻館，1995 年。又收入《王民信遼史研究論文集》，臺大　　　出版中心，2010 年。

〔註96〕劉鳳翥：《契丹大字〈蕭孝忠墓誌銘〉考釋》，《中國‧平泉首屆契丹文化研討　　　會論文集》，吉林大學出版社，2010 年。

第六章　宋代的奚族

　　北宋建立初期，一直致力於收復燕雲十六州地區，但是種種努力最終歸於失敗，而主要分佈區域在燕雲十六州以北的奚人自然更爲宋朝所鞭長莫及。宋朝境內只有少數一些五代時已遷居內地的奚人家族，但如上文所引鄧小南先生文章所述，這些人對中原文化有著強烈的認同感，諱言自己的民族身份，只有個別人尚可辨認，又都爲武將，如米信、党進等。本章主要介紹此二人的事跡。當然，也有個別的遼朝境內的奚人投奔宋朝，但在宋眞宗景德元年（1004，遼聖宗統和二十二年）宋遼雙方的澶淵之盟訂立之後，這些人都難逃被遣返的命運。如眞宗景德二年（1005）「二月十日，瀛、代州送投降奚、契丹九人赴湯關，詔以請盟後者付總官司還之。」〔註1〕

米　信

　　「米信，舊名海進，本奚族，少勇悍，以善射聞。」〔註2〕有的研究者認爲，米信的米姓是冒用粟特人的姓氏。「案米氏本非漢姓，源自昭武九姓之米國，也屬地道的粟特姓氏，那麼奚族中何來的米姓呢？由上述史憲誠的例子可以推想，這很可能也是奚族人被某粟特米氏收養之後的冒認。唐末五代的代北沙陀本爲一蕃胡雜糅而成的雜胡集團，內部養子之風更盛，而其中融合了突厥沙陀、粟特九姓胡、吐渾、党項、室韋、奚等多個種族，這一點與安史之亂前後的東北城傍極其相似，李克用帳下有大將名米海萬，則米芾

〔註1〕　《宋會要輯稿·蕃夷一》，郭聲波點校：《宋會要輯稿·蕃夷道釋》本，四川大學出版社，2010 年，第 46 頁。

〔註2〕　《宋史》卷二六○《米信傳》，中華書局，1977 年，第 9022 頁。

之祖米信米海進所冒之米氏很可能與其有關。」〔註3〕以上說法雖然未必能成爲定論，但是有一定道理。宋人上官融撰《友會談叢》卷上記載「故滄州節度使米信，本銀下部落。」此「銀下部落」在清人潘永因編《宋稗類鈔》卷七中記載爲「銀夏部落」，後者應爲正寫。所謂「銀夏部落」，應爲銀州（今寧夏銀川市）、夏州（今陝西省靖邊縣）一帶的奚族部落，而這一地帶的以北地區正是唐代設立的安置粟特人的六胡州。因此米信所在的奚人部落與六胡州緊鄰，兩者之間在唐、五代時期的密切交往可想而知，米信很可能就是因此冒姓粟特人的米姓。

米信的早年經歷不詳，後周太祖郭威即位後，他隸屬於護聖軍（侍衛親軍馬軍的軍號）。周世宗時，米信從世宗攻打北漢，戰於高平（今山西省高平市），因戰功升遷爲龍捷散都頭。趙匡胤總領禁兵，米信隸屬於他，深受信用，改名爲信，被任命爲牙校。趙匡胤建立宋朝，米信被任命爲殿前指揮使，又升爲直長。在宋朝攻打南唐的揚州時，「信執弓矢侍上側，有遊騎將迫乘輿，射之，一發而斃。遷內殿直指揮使。開寶元年，改殿前指揮使、領郴州刺史。」〔註4〕太宗即位後，米信相繼任散都頭指揮使、高州團練使、洮州觀察使。太平興國四年（979），在進攻北漢的戰爭中擔任行營馬步軍指揮使，與田重進率領行營諸軍。北漢軍前來偷襲，米信擊敗之，殺其將裴正。太原平定後，米信又隨太宗進攻遼南京，宋軍雖兵敗回師，米信因戰功升任保順軍節度使。米信的親屬多在塞外，「會其兄子全自朔州奮身來歸，召見，俾乘傳詣代州，伺間迎致其親屬，發勁卒護送之。既而全宿留逾年，邊境斥候嚴，竟不能致。信慷慨歎曰：『吾聞忠孝不兩立，方思以身徇國，安能復顧親戚哉。』北望號慟，戒子侄勿復言。」〔註5〕可見，米信的親屬中大多仍在遼。太平興國五年（980），米信與郭守贇等統領定州屯兵。六年（981）秋，升任定州駐泊部署。八年（983），改任領彰化軍節度使。

雍熙三年（986），宋太宗再次征伐遼朝，米信被任命爲幽州西北道行營馬步軍都部署，敗遼軍於新城（今河北省高碑店市）。遼軍再次來戰，宋軍退卻，米信獨自率領麾下三百名龍衛軍迎戰，敵軍重重圍困，飛箭射來如雨，米信射中敵軍數人，部下多戰死。傍晚，米信持大刀，率部下大呼，殺數十

<hr>

〔註3〕參見琴僧：《具有昭武九姓姓氏的奚人——庫莫奚研究札記之三》，http://blog.
tianya.cn/blogger/post_show.asp?BlogID=82489&PostID=1885374。
〔註4〕《宋史》卷二六○《米信傳》，中華書局，1977年，第9022頁。
〔註5〕《宋史》卷二六○《米信傳》，中華書局，1977年，第9023頁。

人，敵軍稍稍退卻，米信率百餘騎突圍幸免。但因戰敗，本來應論死罪，太宗特意寬免了他，責授右屯衛大將軍。第二年，任彰武軍節度使。

端拱元年（988），宋太宗在沿邊實行屯田守邊的方田制度，命令米信爲邢州兵馬都部署監護之。二年（989），改鎮橫海軍（滄州軍號）。米信不識字，所作所爲多橫暴，太宗任命何承矩擔任他的副手，管理州事。後來何承矩改領護屯田，米信隨即得以獨斷專行、肆意不法，給予軍卒菲薄的待遇，曾經私自購買絹帛並謊稱官物以免納稅。這些都爲太宗所知。端拱四年（991），召爲右武衛上將軍。五年（992），判左右金吾街仗事。上任不到一個月，吏卒無罪卻被暴打者有很多。他還強買強賣，妻子死後買地安葬而卻亂挖平民墳墓。家奴陳贊年老體病，米信打他致死，爲其家人所告，被御史審問，其對罪行都予承認。案件未結而米信病死，時年六十七歲。太宗追贈他爲橫海軍節度使。米信有子名繼豐，任內殿崇班、閤門祗候。由於米信是一個赳赳武夫，沒有文化，貪暴不法，他對子女的教育就可想而知了。米繼豐也就聲色犬馬，最後落得爲人鄙薄、歎惋的下場，這在宋人筆記中有著詳細記載：

> 故滄州節度使米信，本銀下部落，以軍功累官至加節鉞。纖嗇聚斂，爲時所鄙。京師龍和曲築大第，外營田園，內造邸舍，日入月算，何啻千緡。其長子任供奉官，以信之故，不敢自專。但於富室厚利，以取錢自用，謂之老倒還，兼與契券爲約。其詞以若父死鐘聲才絕本利齊到之語，蓋謂信才瞑目而亟還也。於是私募僕夫十餘輩，飾珍異以袍帶，令伺於宅左右。俟其出門，擁挾而去。鞍馬服玩，備極珍異，其黨則京師搖脣鼓舌獵炙之徒，日有千數。謂其嬉遊，則信陵、孟嘗諸公子；謂其用度，則石崇、王濟爲鄙人。諂佞互攻，聾駭不悟。而復大言人間之物，靡有難致，錢去便到，其速如神。至於進會，有奉其歡心者，器皿之具，盡傾與之。嘗謂盡此生逸樂，惟我而已。至信之卒時，已用過十餘萬緡，乃約齊交還。及信葬畢，籍其餘者比信時十去五六焉。外無官橐，內無私帑，闔門百口之給不可缺者，加以恣縱，費蕩更逾於前。以至鬻田園，貨邸店，未周歲而日入之緡亦絕。其弟方四歲，乳母與家人竊議，若此不改，我輩皆爲餒鬼。乳母乃抱小兒詣府陳訴。是時眞宗在壽邸，尹開封府，聞之赫怒，具以上言，舉餘財與所訴之弟，供奉者斥出之，一簪不著身，仍除其班籍。因茲索然無歸，寄跡旅舍，乃歷自

來遊從之處求衣食，人既數四，亦皆厭矣。遂於京師多假代獄卒搖夜鈴於軍巡，聊充糊口。素不服勞，又以踈怠被逐。京師貨藥者多假弄獅子猢猻爲戲，聚集市人。供奉者形質麼麼，頤頰尖薄，克肖猢猻。復委質於戲場焉，韋繩貫頸，跳躑不已，旁觀爲之掩淚，而彼殊無愧色。噫！公侯之門，一旦如此，有其父必生其子，何足怪耶。〔註6〕

党　進

「党進，北戎人，幼爲杜重威家奴。」〔註7〕可見，党進不是漢人，而是北方的少數民族。宋太宗太平興國二年（977）五月，起居舍人辛仲甫使遼。「虜主曰：『中朝党進者，眞驍將也。如進輩有幾？』虜所以固矜者，謂進本虜族，中國無之。公亟對：『若進輩鷹犬駑材爾，行伍中若進者不可勝數。』」〔註8〕可見，党進不是漢人，這在遼朝也是廣爲人知的事實。那麼所謂的「虜族」是契丹族還是奚族抑或是其它少數民族呢？《宋史·党進傳》記載他是「朔州馬邑人」，也就是今天山西省朔州市一帶的人。《玉壺清話》記載他「本出溪戎」〔註9〕，也就是奚人。北齊時，奚人就已經在包括朔州在內的晉北一帶活動。《北齊書·文宣帝紀》載：「天保三年（552）春正月丙申，帝親討庫莫奚於代郡，大破之，獲雜畜十餘萬，分資將士各有差。以奚口付山東爲民」。可見，高洋此戰俘獲了大量奚人，也說明當時此地奚人之多。雖然大部分奚人俘虜被遷走，但還是應該有一部分奚人在此一直定居下來。唐朝天寶元年（742），朔方節度使王忠嗣「與奚怒皆戰於桑乾河，三敗之，大虜其眾，耀武漠北，高會而旋。」〔註10〕怒皆也就是奴皆部，桑乾河也就是今桑乾河，其上游兩個支流恢河和源子河在今朔州馬邑村會合後始稱桑乾河。可見，王忠嗣與奚族的大戰應該發生在朔州一帶的桑乾河流域，而定居在此地的奚人應該是奚族的奴皆部。很可能就是奚族奴皆部人。党進「嘗病瘡，賓佐入視疾，進方擁錦衾，一從事竊語曰：『爛兮。』進聞之，命左右急捉從事，批其

〔註6〕　〔宋〕上官融：《友會談叢》卷上，《委宛別藏》本第84冊，江蘇古籍出版社，1988年，第12～14頁。

〔註7〕　〔宋〕江少虞：《宋朝事實類苑》卷六四《談諧戲謔·党太尉》，上海古籍出版社，1980年，第850頁。

〔註8〕　〔宋〕釋文瑩：《玉壺清話》卷一，中華書局，1984年，第10頁。

〔註9〕　〔宋〕釋文瑩：《玉壺清話》卷八，中華書局，1984年，第76頁。

〔註10〕　《舊唐書》卷一○三《王忠嗣傳》，中華書局，1975年，第3198頁。

煩，殆於委頓，大罵曰：『吾正契丹，何奚之有？腳患小瘡，那至於爛。』蓋謂奚之種賤也。」〔註11〕党進對他的奚族身份加以否認，很可能是爲了抬高自己的地位。正是由於朔州一帶的奚人在與中原王朝的歷次戰爭中被大量俘獲淪爲奴隸，從而使包括奴皆部在內的奚人地位低下。在遼朝，奚人同樣爲契丹人的附庸。這樣才導致党進迴避自己的民族身份，而改稱能與北宋相抗衡的契丹人。而且党進此事與五代後唐時期的將領康福極爲近似，康福「在天水日，嘗有疾，幕客謁問，福擁衾而坐。客有退者，謂同列曰：『錦衾爛兮！』福聞之，遽召言者，怒視曰：『吾雖生於塞下，乃唐人也，何得以爲爛奚！』因叱出之，由是諸客不敢措辭。」〔註12〕康福本人確實是少數民族，他也曾自言爲「沙陀種」，並且擅長「蕃語」。可見，党進的這件「爛兮」佚事很可能是由康福同樣之事附會而成，但也在側面說明了党進的奚人身份。

党進幼年就得到後晉成德軍節度使杜重威信任，成人後，還一直服侍於杜重威身旁。杜重威失敗及死後，党進投身從戎。「周廣順初，補散指揮使，累遷鐵騎都虞候。」〔註13〕入宋後，他仕途順利，乾德五年（967），任彰信軍節度兼侍衛步軍都指揮使。開寶二年（969），党進隨同宋太祖出征北漢。「師未成列，太原驍將楊業領突騎數百來犯，進奮身從數人逐業；業急入隍中，會援兵至，緣縋入城獲免。上激賞之。」〔註14〕數年後，他又再次出征太原，並敗北漢軍於城北，但因太祖死而召還。宋太宗太平興國二年（977），党進出爲忠武軍節度使（治許州，今河南省許昌市）。在鎮一年多，一天從外面返回，党進看到有一條大蛇臥在床上睡衣之中，党進非常生氣，殺死大蛇又把它煮著吃了。不久，他病發而死，時年五十一。死後被贈爲侍中。

党進作爲一介武夫，「形貌魁岸，居常恂恂，每擐甲胄，毛髮皆豎。」〔註15〕但是他不識字，卻又好表現自己，鬧出不少笑話。「一歲，朝廷遣進防秋於高陽，朝辭日，須欲致詞敘別天陛，閤門使吏謂進曰：『邊臣不須如此。』進性強很，堅欲之。知班不免寫其詞於笏，俾進於庭，教令熟誦。進抱笏前跪，移時不能道一字，忽仰面瞻聖容，屬聲曰：『臣聞上古，其風樸略，願官家好將息。』仗衛掩口，幾至失容。後左右問之曰：『太尉何故忽

〔註11〕〔宋〕江少虞：《宋朝事實類苑》卷六四《談諧戲謔・党太尉》，上海古籍出版社，1980年，第851頁。
〔註12〕《舊五代史》卷九一《康福傳》，中華書局，1976年，第1201頁。
〔註13〕《宋史》卷二六〇《党進傳》，中華書局，1977年，第9018頁。
〔註14〕《宋史》卷二六〇《党進傳》，中華書局，1977年，第9018頁。
〔註15〕《宋史》卷二六〇《党進傳》，中華書局，1977年，第9019頁。

念此二句？』進曰：『我嘗見措大們愛掉書袋，我亦掉一兩句，也要官家知道我讀書來。』」〔註16〕還有一次，太祖「忽問及軍中人數，先其軍校皆以所管兵騎器甲之數細書，著所持之挺，謂之杖記，如笏記焉。進不舉，但引挺以對曰：『盡在是矣。』上笑，謂其忠實，益厚之。」〔註17〕党進這些舉動，貌似憨癡，其實這是他故意要留給時人尤其是皇帝的印象，在當時宋太祖「黃袍加身」奪取帝位因而也對武將倍加猜忌的情況下，党進無疑是武將中裝傻充愣以求自保的典型。由於党進自幼爲奴，因而他也善於揣摩上意，因爲以下一件事，他又獲得了善於「變詐」的名聲。「微巡京師市井間，有畜鷹鷂音禽者，進必令左右解縱之，罵曰：『不能買肉供父母，反以飼禽乎？』太宗在藩邸，有名鷹鷂，令圉人調養，進忽見，詰責欲解放，圉人曰：『晉王令養此。』且欲走白晉王。進遽止之，與錢令市肉，謂之曰：『汝當謹視此，無使爲貓狗所傷。』小民傳之爲笑。」〔註18〕但是党進對於故主杜重威的子孫，卻能夠以禮相待，並經常予以接濟，這使許多以禮義自居的士大夫也自歎弗如。

党進像

出自〔清〕顧沅輯：《古聖賢像傳略》卷九，道光十年刻本。

〔註16〕〔宋〕釋文瑩：《玉壺清話》卷八，中華書局，1984年，第76頁。
〔註17〕〔宋〕江少虞：《宋朝事實類苑》卷六四《談諧戲謔·党太尉》，上海古籍出版社，1980年，第850～851頁。
〔註18〕〔宋〕江少虞：《宋朝事實類苑》卷六四《談諧戲謔·党太尉》，上海古籍出版社，1980年，第851頁。

第七章　金代的奚族

第一節　金朝對奚族的征服與安置

　　遼朝立朝的二百多年中，奚人雖然是被統治者，但其地位僅次於契丹人，廣泛地參與了遼代的政治生活，奚人與契丹人的同化也逐漸加深，形成了緊密的利益共同體。因此，到了女真起兵反抗遼朝統治時，絕大部分奚人與契丹人一起，對金軍進行了頑強的抵抗，金朝經過很長時間才征服了奚族。

　　遼天慶四年（1114），在遼軍與女真軍最初的兩次著名戰役——寧江州之戰、出河店之戰中，遼軍中都有奚人。「九月二十三日，渤海遇女真軍，大敗，攻破寧江州，獲奚、契丹甲馬三千。天祚以蕭奉先弟殿前都點檢嗣先帥奚、契丹禁軍土豪五千餘人，十月，屯出河店，臨白江，與寧江州女真對壘。」〔註1〕金太祖收國元年（1115）七月，「九百奚營來降。」〔註2〕九百奚營的投降是在經過戰鬥之後，溫迪罕迪姑送「攻破奚營，回至韓州，遇敵二千人，擊走之。」〔註3〕金代的王寂具體記載了韓州治所的變遷經過。「韓州，遼聖宗時並三河、榆河二州為韓州。三河，本燕之三河縣，遼祖掠其民於此置州。故因其舊名而改。城在遼水之側，常苦風沙，移於白塔寨，後為遼水所侵，移於今柳河縣。又以州非衝途，即徙於舊九百奚營，即今治所也。」

〔註1〕《宋會要輯稿·蕃夷二》，郭聲波點校：《宋會要輯稿·蕃夷道釋》本，四川大學出版社，2010年，第97頁。

〔註2〕《金史》卷二《太祖紀》，中華書局，1975年，第27頁。

〔註3〕《金史》卷八一《迪姑送傳》，中華書局，1975年，第1816頁。

〔註 4〕韓州爲今吉林省梨樹縣北偏臉古城，柳河爲今遼寧省昌圖縣八面城古城。可見九百奚營活動在這一帶。九百奚營這一次不是全部投降，三年之後的天輔二年（1118）閏九月，仍有九百奚營的奚人蕭寶、乙辛等投降。〔註 5〕

收國二年（1116）正月，金太祖針對投降的包括奚族在內的遼朝統治下的各民族下了一道詔書：「自破遼兵，四方來降者眾，宜加優恤。自今契丹、奚、漢、渤海、係遼籍女直、室韋、達魯古、兀惹、鐵驪諸部官民，已降或爲軍所俘獲，逃遁而還者，勿以爲罪，其酋長仍官之，且使從宜居處。」〔註 6〕但是此後奚族以遼末代奚王蕭霞末爲核心，繼續對金朝展開了頑強的抵抗。

天輔五年（1121）十一月，金朝對遼的戰爭停滯一段時間之後，移賚勃極烈完顏宗翰向太祖進言：「諸軍久駐，人思自奮，馬亦壯健，宜乘此時進取中京。」〔註 7〕其它大臣認爲此時正是天寒地凍的時候，不適合展開軍事進攻。但是太祖力排眾議，採納了完顏宗翰的建議。十二月，任命其弟忽魯勃極烈完顏杲統率諸軍，「蒲家奴、宗翰、宗幹、宗磐副之，宗峻領合扎猛安，皆受金牌，余睹爲鄉導，取中京實北京。」〔註 8〕並且向完顏杲下達詔書：「遼政不綱，人神共棄。今欲中外一統，故命汝率大軍以行討伐。爾其慎重兵事，擇用善謀，賞罰必行，糧餉必繼，勿擾降服，勿縱俘掠，見可而進，無淹師期。事有從權，毋須申稟。」數日後，又補充說：「若克中京，所得禮樂儀仗圖書文籍，並先次津發赴闕。」〔註 9〕次年正月，戰爭開始。「當是時，遼人守中京者，聞知師期，焚芻糧，欲徙居民遁去。奚王霞末則欲視我兵少則迎戰，若不敵則退保山西。杲知遼人無鬥志，乃委輜重，以輕兵擊之。」〔註 10〕可見，奚王蕭霞末對於金軍來犯做了戰與逃的兩手準備。金軍先後攻克了高州、恩州、回紇三城，中京的遼守軍不戰而逃。金軍獲得了大量戰利品，包括馬一千二百匹、牛五百頭、駱駝一百七十頭、羊四萬七千隻、車三百五十輛。完顏杲分兵屯守要害之地，大軍駐紮在中京，遣使向金太祖告捷、獻俘。

〔註 4〕〔金〕王寂：《遼東行部志》，賈敬顏《五代宋金元人邊疆行記十三種疏證稿》本，中華書局，2004 年，第 292 頁。
〔註 5〕《金史》卷二《太祖紀》，中華書局，1975 年，第 32 頁。
〔註 6〕《金史》卷二《太祖紀》，中華書局，1975 年，第 29 頁。
〔註 7〕《金史》卷七四《宗翰傳》，中華書局，1975 年，第 1694 頁。
〔註 8〕《金史》卷七四《宗翰傳》，中華書局，1975 年，第 1694 頁。
〔註 9〕《金史》卷二《太祖紀》，中華書局，1975 年，第 36 頁。
〔註 10〕《金史》卷七六《完顏杲傳》，中華書局，1975 年，第 1737 頁。

雖然蕭霞末沒有固守中京，但是在中京周圍，還是與金軍發生了一些交戰。「完顏歡都遊兵出中京南，遇騎兵三十餘紿曰：『乞明旦來降於此。』杲信之，使溫迪痕阿里出、納合鈍恩、蒲察婆羅倨、諸甲拔剝鄰往迎之。奚王霞末兵圍阿里出等。遂據阪去馬，皆殊死戰，敗霞末兵，追殺至暮而還。是役，納合鈍恩功爲多。」〔註11〕在中京西部，完顏銀朮可也與奚軍激戰。「從都統杲克中京，銀朮可與習古乃、蒲察、胡巴魯率兵三千，擊奚王霞末於京西七十里，霞末棄兵遁。」〔註12〕

攻克中京後，金將完顏希尹、迪古乃、婁室、耶律余睹等率部追擊從中京出逃的遼將迪六、和尙、雅里斯等，迪六等逃竄。「奚人落虎來降，希尹使落虎招其父西節度使訛里剌，訛里剌以本部降。」〔註13〕訛里剌作爲奚族的西部節度使，其地位僅次於蕭霞末，金朝對其投降十分重視，金太祖特意下達詔書，免除包括他在內的六名遼臣及其部屬的罪行，寬待處理。〔註14〕完顏宗翰繼續對蕭霞末展開追擊，與完顏婁室、徒單綽里合兵，在北安州（今河北省隆化縣北土城子）大敗奚軍，二月己亥，蕭霞末投降。此役，完顏婁室之子完顏活女也參戰，「以兵三百，敗敵二千。」〔註15〕與蕭霞末降金前後，還有另外一個重要奚人蕭翊降金。蕭翊是奚王乃烈的後裔，他投降金朝後，隨從金軍攻陷興中府（今遼寧省朝陽市），被任命爲興中府尹。〔註16〕

雖然奚王蕭霞末投降了金朝，但是還有相當一部分奚人進行頑強抗爭。金將高彪駐守在武安州（今內蒙古敖漢旗東），「奚人負險拒命，所在屯結，彪屢戰有功。」〔註17〕中京地區奚人抵抗的規模最大，其它地區也有奚人積極抵抗金軍。遼東半島南部的蘇州（今遼寧省瓦房店市）、金州（今遼寧省大連市金州區）的契丹人、奚人降而復叛，多至10萬。金將斜卯阿里前去救援被圍困的女眞人。「破其眾於關离密罕水上，剿殺幾盡，水爲之不流。蒲离古胡什吉水、馬韓島凡十餘戰，破數十萬眾。契丹、奚人聚舟千艘，將入於海。阿里以二十七舟邀之，中流矢，臥舟中，中夜始蘇。敵船已入王家島，即夜

〔註11〕《金史》卷七六《完顏杲傳》，中華書局，1975年，第1737頁。

〔註12〕《金史》卷七二《銀朮可傳》，中華書局，1975年，第1658頁。

〔註13〕《金史》卷七三《完顏希尹傳》，中華書局，1975年，第1684頁。

〔註14〕《金史》卷一二一《黏割韓奴傳》，中華書局，1975年，第2636頁。

〔註15〕《金史》卷七二《完顏活女傳》，中華書局，1975年，第1653頁。

〔註16〕《金史》卷八二《蕭恭傳》，中華書局，1975年，第1838頁。

〔註17〕《金史》卷八一《高彪傳》，中華書局，1975年，第1823頁。

取海路追及之，敵走險以拒，阿里以騎兵邀擊，再中流矢，力戰不退，竟破之，盡獲其舟。於是，蘇、復州、婆速路皆平。」〔註18〕闥离密罕水是今遼東半島上的碧流河。契丹、奚人能夠聚舟千艘，一方面說明海戰規模之大，另一方面也說明遼東半島上的奚人已不再是單一的農耕或游牧民族，也成為了海上民族，能夠熟練地使用船舶。

　　大約在天輔六年（1122），金朝設置了專門針對奚族的奚路都統司，「後改為六部路都統司，以逸輦九營為九猛安隸焉。」〔註19〕奚路都統司的首任都統是完顏渾黜，他上任伊始，正值中京地區已降奚族大規模叛亂。八月，「辛丑，中京將完顏渾黜敗契丹、奚、漢六萬於高州，孛菫麻吉死之。」〔註20〕麻吉是完顏銀朮可之弟，也是金太祖的族弟，他曾「討平遼人聚中京山谷者，降三千餘人。」〔註21〕九月，金太祖針對中京反叛的奚族，下達了一道招降詔書：「汝等既降復叛，扇誘眾心，罪在不赦。尚以歸附日淺，恐綏懷之道有所未孚，故復令招諭。若能速降，當釋其罪，官皆仍舊。」〔註22〕很可能由於完顏麻吉戰死，金太祖罷免了完顏渾黜的奚路都統，改任完顏昌（撻懶）為奚六部路都統。天輔七年（1123）五月，完顏撻懶討平了佔據十三岩的奚族各部。「先是，速古部人據劾山，奚路都統撻懶招之不服，往討之。鐵泥部眾扼險拒戰，殺之殆盡。至是，速古、啜里、鐵泥三部所據十三岩皆討平之。」〔註23〕據《遼史·營衛志》，遼代奚族伯德部下有六石烈：啜勒石烈、速古石烈、胂你石烈、迭里石烈、旭特石烈、悅里石烈。孟廣耀先生認為：「伯德部中的速古石烈，就是速古部的前身，啜勒石烈就是啜里部的前身，胂你石烈就是鐵泥部的前身。」〔註24〕金太祖對於完顏撻懶的戰果，下詔書予以表彰：「朕以奚路險阻，經略為難，命汝往任其事，而克副所託，良用嘉歎。今回离保部族來附，餘眾奔潰，無能為已。比命習古乃、波盧火獲送降人，若遇

〔註18〕《金史》卷八○《斜卯阿里傳》，中華書局，1975年，第1799頁。

〔註19〕《金史》卷四四《兵志》，中華書局，1975年，第1002頁。

〔註20〕《金史》卷二《太祖紀》，中華書局，1975年，第38頁。

〔註21〕《金史》卷七二《麻吉傳》，中華書局，1975年，第1664頁。

〔註22〕《金史》卷二《太祖紀》，中華書局，1975年，第38頁。

〔註23〕《金史》卷六七《奚王回离保傳》，中華書局，1975年，第1588頁。

〔註24〕參見孟廣耀：《唐以後奚族諸部的對應關係及奚王府所屬諸部剖析》，《北方文物》1987年第1期，第60頁。李涵、張星久《金代奚族的演變》（《武漢大學學報》1986年第6期）也同樣認為速古石烈就是速古部，但是將啜里部認定為楚里部，顯然有誤，不取。

險阻，即分兵以行，餘眾悉與汝合。降詔二十，招諭未降，汝當審度其事，從宜處之。」〔註25〕

金朝在奪取了遼的東京地區之後，就已經將奚人編爲猛安謀克來管轄，如收國二年（1116），渤海人大臬被任命爲東京奚民謀克。〔註26〕但是，此時還未見有奚人擔任猛安謀克。完顏撻懶平定奚人十三岩後，請求在奚族地區設置官員進行管理、鎮守。金太祖明確指示：「依東京渤海列置千戶、謀克。」〔註27〕因此，此後對於投降的奚人都以猛安謀克來進行編制。《金史‧奚王回离保傳》也載：「至是，回离保死，奚人以次附屬，亦各置猛安謀克領之。」

金太宗天會二年（1124）閏三月，「斜野襲遙輦昭古牙，走之，獲其妻孥群從及豪族。勃堇渾啜等破奚七岩而撫其民人。」〔註28〕遙輦昭古牙很可能就是遙里昭古牙，也就是說昭古牙是奚族遙里部的首領。「昭古牙部族在建州」，〔註29〕建州城址位於今遼寧省朝陽縣大平房鎮的黃花灘。《遼史》記載奚族遙里部「居潭、利二州間」，〔註30〕潭州城址位於今遼寧省喀喇沁左翼蒙古族自治縣白塔子鎮白塔子村，利州城址位於遼寧省喀喇沁左翼蒙古族自治縣大城子鎮。建州與潭、利二州相距不過百餘公里。可見，遙輦就是遙里部。

在金軍將領斜卯阿里與散睹魯駐紮高州時，昭古牙主動率部出擊。「契丹昭古牙、九斤合興中兵數萬攻胡里特寨，阿里以八謀克兵救之。胡里特先往，敗於城下。阿里指陣前緋衣者二十餘人曰：『此必賊酋也。』麾兵奮擊，皆殺之，餘眾大潰。」〔註31〕

昭古牙被完顏杲（完顏斜野）擊敗後，完顏撻懶再次追擊。八月，「六部都統撻懶擊走昭古牙，殺其隊將曷魯燥、白撒曷等。又破降駱駝山、金源、興中諸軍，詔增給銀牌十。」〔註32〕接著，完顏撻懶招降了遙輦二部，擊敗興中府奚軍，招降建州官員，共攻佔山寨20座、村堡580個。迫不得已，十

〔註25〕《金史》卷七七《完顏昌傳》，中華書局，1975年，第1763頁。

〔註26〕《金史》卷八〇《木臬傳》，中華書局，1975年，第1807頁。

〔註27〕《金史》卷七七《完顏昌傳》，中華書局，1975年，第1763頁。

〔註28〕《金史》卷三《太宗紀》，中華書局，1975年，第50頁。

〔註29〕《金史》卷七七《完顏昌傳》，中華書局，1975年，第1763頁。

〔註30〕《遼史》卷三三《營衛志下》，中華書局，1974年，第389頁。

〔註31〕《金史》卷八〇《斜卯阿里傳》，中華書局，1975年，第1799頁。

〔註32〕《金史》卷三《太宗紀》，中華書局，1975年，第51頁。

月，昭古牙率眾投降，興中府也投降。金太宗詔令封賞有功將士，安撫投降
軍民。這樣，奚族的大規模抵抗宣告結束。完顏撻懶請求將遙輦九營編爲九
猛安，「上以奪鄉有功，使領四猛安，昭古牙仍爲親管猛安。五猛安之都帥，
命撻懶擇人授之。」〔註33〕遙輦九猛安構成了金朝奚軍的主要組成部分，「所
謂奚軍者，奚人遙輦昭古牙九猛安之兵也。奚軍初徙於山西，後分遷河東。」
〔註34〕馮繼欽先生認爲：「所謂『山西』，大概是指今松嶺之西，『河東』大概
是指今老哈河以東。」〔註35〕完顏撻懶還與劉彥宗共同推舉奚人蕭公翊擔任
興中府尹，蕭公翊就是前文提到的蕭翊。

　　被編爲猛安的奚族還有撒离改部，金太宗天會二年（1124）八月，「丁巳，
撒离改部猛安雛思以贓罷，以奚金家奴代之。」〔註36〕撒离改部就是《遼史》
中記載的奚族三營之一的撒里葛部，「奚有三營：曰撒里葛，曰竊爪，曰耨碗
爪。太祖伐奚，乞降，願爲著帳子弟，籍於官分，皆設夷离董。聖宗各置爲
部，改設節度使，皆隸南府，以備畋獵之役。居澤州東。」〔註37〕撒里葛部
在遼代居住在澤州（今河北省平泉縣）東面，金代的撒离改部也應在此。可
見，撒离改部整個部被金朝編成了一個猛安，其首領先後有雛思、奚金家奴。
雛思很可能是女眞人，因爲貪贓被罷免。爲了安撫該部奚人，金朝政府改命
奚人奚金家奴爲猛安。對遇到饑荒的奚人，金朝政府也予以賑濟，天會三年
（1125）三月，「丙子，賑奚、契丹新附之民。」〔註38〕

　　爲了防備奚族在原居住地形成難以控制的局面，金朝廷將許多奚族猛安
遷到各地。前文提到，遙輦九猛安很早就被遷到了松嶺以西，老哈河以東等
地區。大定二十一年（1181），金世宗向大臣談到遷居到山東、大名等地的
女眞猛安謀克戶不事稼穡、游手好閒的情況之後，「又曰：『奚人六猛安，已
徙居咸平、臨潢、泰州，其地肥沃，且精勤農務，各安其居。女直人徙居奚
地者，菽粟得收穫否？』左丞守道對曰：『聞皆自耕，歲用亦足。』上曰：『彼
地肥美，異於他處，惟附都民以水害稼者賑之。』」〔註39〕此奚人六猛安很
可能也出自遙輦九猛安，他們被遷到了咸平（今遼寧省開原市）、臨潢（今

〔註33〕《金史》卷七七《完顏昌傳》，中華書局，1975年，第1763頁。
〔註34〕《金史》卷四四《兵志》，中華書局，1975年，第997頁。
〔註35〕馮繼欽：《金代奚族初探》，《求是學刊》1986年第2期，第93頁。
〔註36〕《金史》卷三《太宗紀》，中華書局，1975年，第50頁。
〔註37〕《遼史》卷三三《營衛志下》，中華書局，1974年，第388～389頁。
〔註38〕《金史》卷三《太宗紀》，中華書局，1975年，第52頁。
〔註39〕《金史》卷四七《食貨志二·田制》，中華書局，1975年，第1046頁。

內蒙古巴林左旗）、泰州（今吉林省白城市洮北區德順鄉古城村城四家子古城）等地從事農業，而其原有的肥沃土地則由遷入的女眞猛安謀克戶佔據。大定十八年（1178），「四月，命泰州所管諸猛安、西北路招討司所管奚猛安，咸平府慶雲縣、霧松河等處遇豐年，多和糴」。〔註40〕以上地區，除了西北路招討司所管奚猛安外，也都應該是上文金世宗提到的奚族猛安，和糴的目的是爲了防止災年因饑荒而發生奚族的叛亂。不但西北路招討司下轄有奚族猛安，其長官西北路招討使也有奚人擔任，如蕭懷忠在海陵王時任西北路招討使，伯德梅和尙在章宗時任西北路招討府副使（詳見以後的《金代奚人列傳》）。西南路招討司也有奚人分佈，伯德窊哥是西南路招討司所轄的咩糺奚人，咩糺應該就是梅只部。在金末東勝州被蒙古軍攻陷後，窊哥與姚里鴉胡、姚里鴉兒等人招集義軍，重建東勝州。姚里鴉胡和姚里鴉兒都應該是奚族遙里部人。可見，在西南路招討司中至少有奚族的兩個部梅只部和遙里部。咩糺在金宣宗貞祐四年（1216）六月被改爲葛也阿鄰猛安。〔註41〕

在西京路的雲內州（在今內蒙古土默特旗西北），也有奚族被遷徙到這裡。「天會七年徙奚第一、第三部來戍。」〔註42〕此奚第一、第三部具體是哪一部尙難以確認。在中都路的保州（今河北省保定市）也有奚人分佈。范承吉在海陵王時任順天軍（保州軍號）節度使，「奚卒散居境內，率數千人爲盜，承吉繩以法不少貸，懼而不敢犯。」〔註43〕

第二節　移剌窩斡起義中的奚族

金海陵王正隆五年（1160）五月，完顏亮爲了準備伐宋而大規模地徵兵，中京（今內蒙古寧城縣）路聚居的奚族軍民也是征伐對象。「是時，奚、霫軍民皆南徙，謀克別朮者因之嘯聚爲盜。海陵患之，即以楨爲中京留守，命乘驛之官，責以平賊之期。賊平，封河內郡王。海陵至中京，楨警夜嚴肅。」〔註44〕這次奚人的反叛的規模較小，因而被中京留守高楨在較短時間內平定，事後，海陵王完顏亮還去中京視察。但是，對於西北路招討司所屬的契丹人、奚人進行大規模徵兵，卻引發了金朝歷史上規模最大的一次契丹、奚

〔註40〕《金史》卷五〇《食貨志五‧和糴》，中華書局，1975年，第1118頁。
〔註41〕《金史》卷二四《地理志上》，中華書局，1975年，第570頁。
〔註42〕《金史》卷二四《地理志上》，中華書局，1975年，第569頁。
〔註43〕《金史》卷一二八《循吏傳‧范承吉》，中華書局，1975年，第2759頁。
〔註44〕《金史》卷八四《高楨傳》，中華書局，1975年，第1890頁。

人起義（也可稱之為叛亂）。

西北路招討司是金朝設置在西北的軍事機構，治所設在西京路桓州，負責管轄這一地區的少數民族包括契丹、奚等，職責是「招懷降附、征討攜離」，〔註45〕主要防備蒙古高原上的眾多部落對金朝的威脅。金朝在西北路設置了幾處群牧所，由女真人任群牧使。負責放牧馬匹，提供戰馬，而西北路契丹部落多編制在群牧所下。鑒於西北路契丹人擔負著牧馬、戍邊的重要責任，因此老臣耨盌溫敦思忠曾建議：「山後契丹諸部恐未可盡起。」〔註46〕但是完顏亮不聽，而派牌印燥合、楊葛前往征發西北路所有契丹丁壯。為此，契丹人請求說：「西北路接近鄰國，世世征伐，相為仇怨。若男丁盡從軍，彼以兵來，則老弱必盡係累矣。幸使者入朝言之。」〔註47〕但是二人返回後，燥合不敢向完顏亮彙報，而楊葛由於擔心以後西北路會發生變故，竟至於憂慮而死。完顏亮又派燥合和另一牌印耶律娜和尚書省令史沒答涅合前往西北路督促契丹出兵。此前，契丹人撒八任西北路招討司的譯史，也就是翻譯。由於他任期已滿，但隱瞞不報，又領了幾個月的俸祿，被當時的西北路招討使完顏沃側告發，因此兩人結怨。於是撒八乘契丹人普遍反對出兵之機，與孛特補號召廣大契丹牧民發動起義，反抗完顏亮的暴政和民族壓迫政策。他們殺了完顏沃側和燥合，囚禁了耶律娜和沒答涅合，取出西北路招討司所存的三千副甲冑裝備自己。起義得到了山後四個群牧所和山前幾個群牧所契丹人的普遍響應，眾人推舉遼末代皇帝天祚帝耶律延禧的後代都監老和尚為招討使。契丹五院部人老和尚那也（與前一個老和尚不是一個人）勸說耶魯瓦群牧使金宗室完顏鶴壽投降，鶴壽說：「吾宗室子，受國厚恩，寧殺我不能與賊俱反。」〔註48〕於是和兩個兒子一起被殺。溫迪罕蒲睹是兀者群牧使，撒八起義後，蒲睹為防備屬下契丹人響應，命令幾十個家奴配備兵器時刻警衛。於是契丹牧民欺騙蒲睹的家奴說：「我們將要出兵伐宋，官府要查看兵器，請把你們的兵器借給我們用一用吧。」家奴上當，將兵器借給契丹人。結果契丹人起事，溫迪罕蒲睹只能束手就擒。「賊執蒲睹而問之曰：『今欲反未？』

〔註45〕《金史》卷五七《百官志三》，中華書局，1975年，第1328頁。

〔註46〕《金史》卷八四《耨盌溫敦思忠傳》，中華書局，1975年，第1883頁。

〔註47〕《金史》卷一三三《移剌窩斡傳》，中華書局，1975年，第2849頁。

〔註48〕《金史》卷一二一《溫迪罕蒲睹傳附完顏鶴壽傳》，中華書局，1975年，第2639頁。

蒲睨曰：『吾家世受國厚恩，子侄皆仕宦，不能從汝反而累吾族也。』」〔註49〕
結果被凌遲處死，子孫也一同被殺。當時被殺的女真官員還有迪斡群牧使徒
單賽里、副使赤盞胡失答、歐里不群牧使完顏尢里骨、副使完顏辭不失、糺
梡群牧使徒單賽一、卜迪不部副使赤盞胡失賴、速木典糺詳穩完顏速沒葛、
轄木糺詳穩高彭祖、節度使尢甲兀者等。這些人中除了高彭祖可能是渤海人
外，其餘都是女真人，而渤海人也是女真人的盟友。因此，這次起義是契丹
人和女真人民族矛盾的大爆發。

　　咸平府謀克契丹人括里在起義爆發時和他的部隊正在山後，他不想參加
這場叛亂，於是率領隊伍返回咸平府。但是咸平少尹完顏余里野誤認爲括里
也參加了叛亂，於是要逮捕括里的家人。括里不得已，起兵反抗，招集了富
家奴隸二千餘人，先後攻陷了韓州和柳河縣。完顏余里野發兵迎擊，結果兵
敗，括里進佔咸平府。括里在咸平府招集兵馬、打造兵器，勢力急劇擴大。
他派人招降咸平路伊改河曹家山猛安納蘭綽赤，綽赤不從，並且「團結旁近
村寨爲兵，出家馬百餘匹給之，教以戰陣擊刺之法，相與拒括里於伊改渡口。」
〔註50〕雙方相距月餘，後來括里出動四萬大軍，納蘭綽赤戰敗被殺，括里又
向北進軍濟州，途中圍攻信州。這時，猛安烏延查剌率領部下要參加完顏亮
的伐宋大軍，路過咸平，急忙回軍信州，擊敗括里。「已而，賊復整兵環攻，
且登其城，查剌下巨木壓之，殺賊甚眾，括里乃解去。查拉左右手持兩大鐵
簡，簡重數十斤，人號爲『鐵簡萬戶』。追及括里於韓州東八里許，賊方就平
野爲陣，查剌身率銳士，以鐵簡左右揮擊之，無不僵僕。賊不能成列，乃易
馬督軍擊之，賊眾大敗，遂走。」〔註51〕括里又向東京遼陽府進軍，東京留
守、後來的世宗完顏雍率兵四百迎擊，但是括里聽到傳言說東京留守率兵十
萬來討伐，於是撤軍，並向西與撒八合兵一處。

　　撒八起義後，完顏亮派樞密使僕散忽土、西京留守蕭懷忠、北京留守蕭
賾、右衛將軍蕭禿剌、護衛十人長斡盧保前往討伐。蕭禿剌和斡盧保任先鋒，
與撒八相持數日，連戰皆不勝，而糧餉又供應不上，於是退守臨潢府。撒八
也怕金軍大部隊跟進，自己難以應付，於是想要投奔西遼耶律大石，率部沿
龍駒河向西而行。僕散忽土等率大部隊到臨潢府時，契丹人早已西奔，蕭禿

〔註49〕《金史》卷一二一《溫迪罕蒲睨傳》，中華書局，1975 年，第 2639 頁。
〔註50〕《金史》卷一二一《納蘭綽赤傳》，中華書局，1975 年，第 2640 頁。
〔註51〕《金史》卷八六《烏延查剌傳》，中華書局，1975 年，第 1920 頁。

剌、僕散忽土等合兵追到河邊而回。由於蕭懷忠是奚人，而蕭裕謀反時又曾拉攏過他，他很長時間後才告發。由於契丹和奚族的歷史淵源，兩族已接近融合爲一體，再加之此前中京奚族的叛亂，完顏亮因此怕蕭懷忠與契丹合兵反對自己。於是藉口幾人逗留不進，致使撒八逃跑，將他們全部處死，其中僕散忽土、蕭懷忠、蕭賾被族誅，蕭禿剌、斡盧保只是本人被殺。對此，後來的世宗認爲完顏亮做得太過分了，但是平章政事完顏襄當時也在軍中，他說：「當時僕散忽土和蕭賾擁有精銳騎兵一萬三千餘人，而賊軍都是被迫脅從之人，沒有盔甲，只好用氈紙來做盔甲，很容易對付。只是由於忽土等人畏懼、遷延，才使撒八逃跑。」世宗說：「審如是，則誅之可也。」〔註 52〕可見，當時起義軍的力量還不是十分強大。也並不是所有的契丹官員都參加了叛亂，同知北京留守事移剌斡里朵當時正率軍南下，準備參加伐宋大軍。但是「至松山縣爲賊黨江哥所執，且欲推爲主盟，要以契約，斡里朵怒曰：『我受國厚恩，豈能從汝反耶，寧殺我，契約不可得也。』賊知不可屈，乃困辱之，使布衣草履逐馬而行，且欲害之。斡里朵說其監奴，因得脫還。」〔註 53〕即使有移剌斡里朵這樣的契丹人，完顏亮還是怕其它契丹族將領叛亂，於是找藉口屠殺他們。武毅軍都總管移剌成當時率軍駐守磁州，他將妻子兒女送到南京作爲人質，這樣才使完顏亮不再懷疑。「時人高其有識」。〔註 54〕當年八月，完顏亮又「以樞密副使白彥恭爲北面兵馬都統，開封尹紇石烈志寧副之，中都留守完顏謀英爲西北面兵馬都統，西北路招討使唐括孛古的副之，討契丹。」〔註 55〕完顏亮對於契丹起兵並未予以太多的關注，他的主要精力仍放在伐宋上，因而白彥恭、紇石烈志寧所率的只是北京、臨潢、泰州三路軍。完顏亮另外還派了屢立戰功的邊將——慶陽少尹尼龐古鈔兀協助他們，臨行前，完顏亮對尼龐古說：「汝久在邊陲，屢立戰功。昨遣樞密使僕散忽土、留守石抹懷忠等討契丹，師久無功，已置諸法。今命汝與都統白彥恭、副都統紇石烈志寧進討。」〔註 56〕並賜給他全身著鎧甲的戰馬四匹。完顏亮命令完顏謀英和唐括孛古的率軍三萬駐紮在中都西北的歸化州，以爲白彥恭等人的後援。但是，對於完顏亮的這番部署，有的人認爲還不充分。宿直將

〔註 52〕《金史》卷一三二《僕散師恭傳》，中華書局，1975 年，第 2825 頁。
〔註 53〕《金史》卷九○《移剌斡里朵傳》，中華書局，1975 年，第 2002 頁。
〔註 54〕《金史》卷九一《移剌成傳》，中華書局，1975 年，第 2016 頁。
〔註 55〕《金史》卷五《海陵紀》，中華書局，1975 年，第 114 頁。
〔註 56〕《金史》卷八六《尼龐古鈔兀傳》，中華書局，1975 年，第 1922 頁。

軍蒲察世傑有事前往胡里改路，他回來向完顏亮彙報說：「契丹部族大抵皆叛，百姓驚擾不安。今舉國南伐，賊若乘虛入據東土根本之地，雖得江、淮，無益也。宜先討平契丹，南伐未晚。」〔註57〕完顏亮不高興地說：「詔令已出矣。今以三萬兵選將屯中都以北，足以鎮壓。」〔註58〕蒲察世傑又說：「恐東土大族附於賊，恐三萬眾未易當也。」〔註59〕他的言外之意就是提醒完顏亮，東京遼陽府的完顏雍有可能和契丹人同流，但是完顏亮未聽取他的意見。蒲察世傑的話說對了一半，契丹大起義並沒有在短期內撲滅，而是在後來的世宗即位後，歷時一年有餘才把這場金朝歷史上規模最大的一次起義撲滅。蒲察世傑認爲完顏雍有可能和契丹人同流卻錯了，完顏雍是自己在東京舉起了大旗，自立爲皇帝，反對完顏亮，並導致了完顏亮的死亡。

撒八在金軍的進攻下，對能否推翻金朝的統治也心存疑慮，決定向西投奔耶律大石建立的西遼政權。但是起義軍內部意見產生分歧，很多人都難離故土，不願到西方遙遠莫測之地。於是這些人在署六院節度使移剌窩斡及陳家等人的帶領下殺撒八，擒老和尚、孛特補等人。移剌窩斡自任都元帥，陳家爲都監，駐軍於臨潢府東南的新羅寨。即位後的金世宗派移剌扎八等人招降，但是扎八看到移剌窩斡兵強馬壯，投降了窩斡。窩斡隨即兵圍臨潢府，其兵力達到五萬人。正隆六年（1161）十二月，移剌窩斡稱帝，建元天正。

金世宗得知移剌窩斡稱帝的消息後，由於此時完顏亮被殺沒有多長時間，剛剛除去一個強敵的世宗自然不會允許腹心之地存在一個契丹族的政權，於是派兵全力圍剿。金元帥左都監吾扎忽和同知北京留守事完顏骨只率兵到達臨潢府時，契丹起義軍已經轉而去圍攻泰州，吾扎忽率兵跟進，兩軍在窓歷遭遇，金押軍猛安契丹人忽刺叔投奔起義軍，結果金軍大敗。金泰州節度使烏里雅出擊，也爲義軍所敗。但是由於守城的金軍頑強堅守，起義軍未攻下泰州。窩斡又率領義軍進攻濟州，金元帥完顏謀衍與右監軍完顏福壽、左都監吾扎忽合兵一萬三千人，分左右兩翼進攻起義軍。完顏謀衍採納了契丹降將的策略，偷襲義軍的後方輜重。窩斡得知後，回軍救援，兩軍戰於長濼，起義軍大敗。窩斡率軍西走，又被完顏謀衍在霧松河追上，義軍又敗。但是完顏謀衍等卻不及時追擊，而是駐軍於白濼。世宗大爲不滿，將完顏謀

〔註57〕《金史》卷九一《蒲察世傑傳》，中華書局，1975年，第2021頁。
〔註58〕《金史》卷九一《蒲察世傑傳》，中華書局，1975年，第2021頁。
〔註59〕《金史》卷九一《蒲察世傑傳》，中華書局，1975年，第2021頁。

衍和完顏福壽等召回，剝奪了他們的指揮權，任命紇石烈志寧爲元帥右監軍，又於大定二年（1162）六月以僕散忠義爲平章政事兼右副元帥統領金軍討伐契丹。世宗在撤換將領的同時，還多次頒佈詔書赦免能夠歸降的契丹起義軍，採取剿撫並施的兩手策略。

僕散忠義及元帥左都監高忠建率領金軍追及契丹起義軍於花道，這時，窩斡尙有兵力八萬。金軍兵分兩翼，與起義軍夾河對陣。起義軍先以兵四萬渡河攻擊金軍左翼完顏宗亨部，金軍萬戶查剌以六百騎兵衝擊起義軍渡河部隊，起義軍陷於混亂，窩斡隨即命令餘下的四萬部隊仍舊攻擊金軍左翼。這樣，在起義軍強大兵力的壓迫下，完顏宗亨指揮失當，金軍大敗。金右翼完顏宗敘來援，起義軍遂撤退。花道之戰，起義軍在獲勝的情況下爲保存實力而未再戰。

花道之戰後，窩斡率軍仍向西進發，僕散忠義和紇石烈志寧率金軍繼續追擊，在嫋嶺西邊的陷泉追上了起義軍，雙方展開了決戰。雙方首先隔河東西對陣，金軍在河東岸布下弧形戰陣，左翼軍佔據南側山岡，右翼軍佔據北側，左、右翼的交接部位爲後置的步兵，而騎兵則佔據兩邊的突出部位。起義軍以三萬部隊渡河作戰，窩斡看到金左翼軍居高臨下，易守難攻，於是將主攻方向定在金軍右翼。雙方交戰之前下了一場大霧，但是戰鬥一開始，天空就立刻晴朗。金右翼烏延查剌部拼死抵抗起義軍的進攻，起義軍稍微退卻。金軍紇石烈志寧、夾谷清臣隨即率部大舉反攻，起義軍大敗，又因泥濘不能立即渡河，被殺萬餘人，被俘五萬餘人。窩斡的弟弟移剌嫋也被俘，移剌窩斡僅與數騎逃脫。

移剌窩斡在兵敗後，收集散兵萬餘人，「遂入奚部，以諸奚自益，時時出兵寇速魯古灤、古北口、興化之間。」〔註60〕對於奚族與契丹合流，全面捲入叛亂，金世宗十分重視，增派了多位官員、將領招撫奚族及參與對奚族的作戰。派尙書右丞紇石烈良弼「佩金牌及銀牌四，往北京招撫奚、契丹。」〔註61〕尙廄局副使蒲察通被任命爲監軍，「窩斡反，命通佩金符，詣軍前督戰。賊破，以功授世襲謀克。奚人亂，承詔繼往蒞軍。」〔註62〕契丹人、工部郎中移剌道「奉詔招撫諸奚。是時，抹白猛安下謀克徐列等皆欲降，制於猛安合住，不敢即降。道發兵掩襲合住子婦孫男女甥，及謀克留住，及蒲輦白撒妻孥。是日，適窩斡遣白撒發抹白猛安軍，白撒聞其家人被獲，遂來

〔註60〕《金史》卷一三三《移剌窩斡傳》，中華書局，1975年，第2858頁。
〔註61〕《金史》卷八八《紇石烈良弼傳》，中華書局，1975年，第1950頁。
〔註62〕《金史》卷九五《蒲察通傳》，中華書局，1975年，第2106頁。

降。改禮部郎中。從討窩斡，佩金牌，與應奉翰林文字訛里也招降叛奚。」
〔註63〕可見，抹白猛安是一個奚人猛安，其首領猛安是合住，下轄至少兩
個謀克，其謀克分別是徐列和留住。蒲輦即蒲里衍，也就是副謀克，白撒應
該是謀克留住的副手，因為家屬被金軍俘獲而投降，「八月乙丑朔，奚抹白
謀克徐列等降。左監軍高忠建破奚於栲栳山，及招降旁近奚六營，有不降者，
攻破之，盡殺其男子，以其婦女童孺分給諸軍。」〔註64〕儘管高忠建對不
投降的奚族採取了屠殺政策，但是並未使奚族全部屈服。在移剌窩斡的率領
下，甚至攻破了中都的門戶古北口。「壬申，萬戶溫迪罕阿魯帶與奚戰於古
北口，敗焉，詔同判大宗正事完顏謀衍等禦之。」〔註65〕溫迪罕阿魯帶兵
敗事出有因。「阿魯帶因其妻生日，輒離軍六十里，賊眾聞之，來襲，殺傷
士卒甚眾。阿魯帶坐除名。」〔註66〕

　　古北口金軍失利，使中都受到直接威脅。金世宗「詔完顏謀衍、蒲察烏
里雅、蒲察蒲盧渾以兵三千，合舊屯兵五千，擊之。詔完顏思敬以所部兵入
奚地，會大軍討窩斡。」〔註67〕完顏思敬時任元帥右都監。「九月甲午朔，
完顏謀衍擒奚猛安合住。」〔註68〕接著，金世宗又命令「尚書右丞紇石烈良
弼以便宜招撫奚、契丹之叛者。」〔註69〕此前，紇石烈志寧俘虜了移剌窩斡
的部將稍合住，沒有殺他，而是許諾如果他捉拿了移剌窩斡，給他以高官厚
賞。「稍合住既去，見窩斡，秘不言見獲事，乃反間奚人於窩斡曰：『陷泉失
利，奚人有貳志，不可不察。』當是時，窩斡屢敗，其下亦各有心，稍合住
乃與賊帥神獨斡執窩斡，詣右都監完顏思敬降。」〔註70〕稍合住肯定是契丹
人，陷泉之戰是在移剌窩斡進入奚地之前，可見那時即有大量奚人投向了移
剌窩斡。很可能是移剌窩斡聽取了稍合住的讒言，使他失去了對奚人的信
任，相反信任同為契丹人的稍合住及神獨斡，沒想到卻被他們所出賣。「庚
子，元帥右都監完顏思敬獲契丹窩斡，餘眾悉平。……乙巳，以移剌窩斡平，

〔註63〕《金史》卷九〇《移剌道傳》，中華書局，1975年，第1994～1995頁。
〔註64〕《金史》卷六《世宗紀上》，中華書局，1975年，第128頁。
〔註65〕《金史》卷六《世宗紀上》，中華書局，1975年，第128頁。
〔註66〕《金史》卷七二《完顏謀衍傳》，中華書局，1975年，第1655頁。
〔註67〕《金史》卷一三三《移剌窩斡傳》，中華書局，1975年，第2858頁。
〔註68〕《金史》卷六《世宗紀上》，中華書局，1975年，第129頁。
〔註69〕《金史》卷六《世宗紀上》，中華書局，1975年，第129頁。
〔註70〕《金史》卷八七《紇石烈志寧傳》，中華書局，1975年，第1931頁。

詔中外。」﹝註71﹞這樣，契丹族發起，而奚族積極參與的金代歷史上規模最大的一次起義宣告失敗。這次起義對其後金朝的歷史進程產生了深遠的影響，使原本就不和諧的女眞和契丹、奚族之間的民族關係更加緊張，也使金朝統治者不再信任契丹人、奚人，契丹人、奚人在金代政壇的作用也越來越小。這一切，都使契丹族、奚族對金朝更加離心離德。因此，在金末蒙古入侵時，一旦蒙古人打出了爲契丹報女眞滅遼之仇的旗號時，很多契丹人、奚族隨即投降和自己同爲東胡一系的蒙古，成爲蒙古滅金的急先鋒。

這次起義還有一些餘波，大定三年（1163）五月，時爲左副元帥的紇石烈志寧在前線負責對南宋的戰事，「是時，宋得窩斡黨人括里、扎八，用其謀攻靈璧、虹縣，都統奚撻不也叛入於宋，遂陷宿州。括里等謀曰：『北人恃騎射，戰勝攻取。今夏月久雨，膠解，弓不可用。』故李世輔與之來攻宿州。﹝註72﹞奚撻不也是河南路都統，﹝註73﹞他無疑是奚人，括里、扎八的民族成分則不詳，但不是契丹人就是奚人則確切無疑。

十餘年之後的大定十八年（1178），在任命奚族猛安時，仍有奚人遭到參與窩斡起義的誣告。而爲時任御史大夫的烏古論元忠所辯白。「有奚人禿山者，洎其族潑里沙競猛安之職，禿山告潑里沙嘗從契丹賊窩斡叛，尚書省□□猛安受禿山。公辯之曰：『窩斡之叛，潑里沙甫九歲，安能相濟爲惡。禿山即誣告，而尚書省所奏大不履實，臣請釐正。』上從之。」﹝註74﹞

第三節　金代奚人列傳

一、蕭王家奴

蕭王家奴世居庫黨河，魁偉有力，在遼朝任太子率府率。天輔七年（1123），金軍都統完顏杲率軍平定奚地，王家奴帶領其鄉人投降，被任命爲千戶。在奚王蕭幹死後，其親信金臣阿古仍據守撒葛山，王家奴與突撚前往征討，俘獲金臣阿古，招降餘眾。此時，平州、灤州一帶盜賊蜂起，王家奴

﹝註71﹞《金史》卷六《世宗紀上》，中華書局，1975年，第129頁。
﹝註72﹞《金史》卷八七《紇石烈志寧傳》，中華書局，1975年，第1931頁。
﹝註73﹞《金史》卷六《世宗紀上》，中華書局，1975年，第131頁。
﹝註74﹞《烏古論元忠墓誌》，載北京市文物局編：《北京遼金史蹟圖志》（下），北京燕山出版社，2004年，第212～213頁。

率軍多次討伐，前後斬獲、俘虜甚多，因此多次被朝廷獎賞。

　　蕭王家奴隨同宗望伐宋，在白河大敗宋將郭藥師常勝軍。進軍至黃河邊，宋軍扼守渡口，蕭王家奴與其它將領擊敗之。進圍汴京，大敗東門宋軍。天會四年（1126），蕭王家奴隨同宗望再次伐宋，進軍至中山府（今河北省定州市）時，遇到宋軍的激烈抵抗，宋軍從各個城門分頭出擊，金軍的攻城器械多被焚毀。祁州（今河北省安國市）、河間府（今河北省河間市）的宋軍前來救援，但都爲金軍所敗。

　　金軍退兵後，蕭王家奴屯鎮於黃河以北。宋濱州統制葛進在臨淄（今山東省淄博市）聚眾萬餘人抗金。孛菫照里統領騎兵二千前往征討，蕭王家奴率本謀克搶先登城，大破葛進軍。第二年，蕭王家奴又隨同照里擊敗了滄州宋軍。宋將徐文在海島上泊船百餘艘，「即以商船十八艘進襲，斬首七百級，獲舟二十。」〔註75〕

　　天會八年（1130），蕭王家奴被任命爲靜江軍節度使，授世襲千戶。又隨從梁王完顏宗弼伐宋，爲萬戶，還爲五院部節度使。天德二年（1150），改任烏古迪烈招討都監，不久病死。

二、蕭　玉

　　「蕭玉，奚人。」〔註76〕他被列入《金史・宗本傳》的附傳，其重要原因就是因爲他被動參與了海陵王完顏亮誅殺太宗之子完顏宗本的事件。完顏亮即位的第二年即天德二年（1150），就開始大肆屠殺宗室成員。「四月戊午，殺太傅、領三省事宗本，尚書左丞相唐括辯，判大宗正事宗美。遣使殺領行臺尚書省事秉德，東京留守宗懿，北京留守卞及太宗子孫七十餘人，周宋國王宗翰子孫三十餘人，諸宗室五十餘人。」〔註77〕

　　完顏宗本熙宗時任太保領三省事，完顏亮登基，升爲太傅領三省事。由於太祖系與太宗系因爭權奪利積怨已久，熙宗就是在宗幹的幫助下誅殺了太宗之子宗磐等人。因而「海陵在熙宗時，見太宗諸子勢強，而宗磐尤跋扈，與鵲懶相繼皆以逆誅，心忌之。熙宗厚於宗室，禮遇不衰。海陵嘗與秉德、

〔註75〕《金史》卷八一《蕭王家奴傳》，中華書局，1975 年，第 1828 頁。
〔註76〕《金史》卷七六《太宗諸子・宗本傳附蕭玉傳》，中華書局，1975 年，第 1734 頁。
〔註77〕《金史》卷五《海陵紀》，中華書局，1975 年，第 94〜95 頁。

唐括辯私議，主上不宜寵遇太宗諸子太甚。及篡立，謁奠太廟。韓王亨素號材武，使攝右衛將軍，密諭之曰：『爾勿以此職爲輕，朕疑太宗諸子太強，得卿衛左右，可無慮耳。』遂與秘書監蕭裕謀去宗本兄弟。」〔註78〕完顏亮雖然表面上升了宗本的官職，實際上卻一直在尋找時機，與已任秘書監的蕭裕密謀除去太宗之孫，徹底消除爭奪皇位的隱患。完顏秉德雖然參加了謀弒集團，但由於行弒成功後，他對立完顏亮爲帝有所遲疑，因此完顏亮就對他懷恨在心。加之熙宗時，完顏烏帶之妻唐括氏先與完顏亮，後又與家奴閻乞兒私通。秉德曾向熙宗斥責此事，烏帶一直懷恨在心，未有機會報復。因而此時看到完顏亮對秉德的態度，便乘機進讒言陷害秉德，他說在完顏亮生病時，秉德曾經說：「主上數日不上朝，如果有什麼意外，那麼該由誰來繼承皇位呢？」烏帶回答說：「主上有皇子。」秉德又說：「嬰兒怎麼能擔當天下重任，只有葛王才能勝任。」完顏亮信以爲眞。很快將完顏秉德貶出中央，改任領行臺尚書省事。由於唐括辯在行弒熙宗前飽餐酒飯的表現也使完顏亮不寒而慄。再加之後來完顏亮曾與唐括辯一同觀看太祖畫像，完顏亮指著畫像對他說：「太祖的眼睛與你的很像。」「辯色動，海陵亦色動，由是疑辯，益忌之。」〔註79〕完顏亮爲了將宗本等太宗子孫及完顏秉德和唐括辯一併除去，與蕭裕設計了一套罪名。他們讓完顏烏帶出面誣陷說：「完顏秉德曾在宗本家喝酒，席間海州刺史完顏忠說秉德有福相，長得很像宋太祖趙匡胤。秉德聽了高興得前仰後合，欣然領受。秉德之妻又向臣妻說皇上的壞話，極爲不恭敬。秉德離京赴任向宗本告別時，又說了皇上很多壞話，並且說自然有合適繼承皇位的人。秉德又對刑部侍郎謾獨說：『以前你說的那件事，還沒有忘吧』？而謾獨回答：『這掉腦袋的事怎麼能當眾說呢？』像這樣秉德謀反的企圖已經很明瞭了。」〔註80〕完顏亮和蕭裕又怕只有完顏烏帶一個證人難使天下人心服，就又找出了蕭玉來作僞證。蕭玉時任尚書省令史，經常出入宗本家中，和宗本親如一家人，這些情況眾所周知。因此由蕭玉出面作僞證，沒有人會不相信。

蕭玉誣陷秉德離京時與宗本相約裏應外合，宗本曾對蕭玉說：「因爲你與我是故舊之交，必無它意，可以跟你說說一些機密之事。完顏秉德離京時，

〔註78〕《金史》卷七六《完顏宗固傳》，中華書局，1975年，第1731頁。

〔註79〕《金史》卷一三二《唐括辯傳》，中華書局，1975年，第2820頁。

〔註80〕《金史》卷一三二《完顏秉德傳》，中華書局，1975年，第2828頁。

曾說由他在外面號召軍民，不要憂慮外面的事。如果我當內應，那麼什麼事不能成功呢！」還說：「長子鎮里虎將來一定會大貴，因此不讓完顏亮見到他。」宗本又說：「左丞相完顏秉德對我和我夫人說：『皇上近日見了我就不高興，我因此常常心懷恐懼，如果太傅您當了皇帝，我這心才塌實下來。』」唐括辯曾經對宗本說：「內侍張彥擅長相面，他看太傅您有天子之相。」宗本回答說：「我還有一個任東京留守的兄長呢，我哪有本事當呢。」而太宗之子宗美曾說：「太傅宗本是太宗一系的主心骨，應該當北京留守。」太宗之孫北京留守完顏卞赴任前曾對宗本說：「事不可遲。」宗本又對蕭玉說：「大事就要在近日於圍場內解決。」宗本送給蕭玉一匹馬、一件袍子，充當標記，以免誤傷。

蕭玉又說自己惟恐去圍場打獵之期臨近，而自己身處於外，不能親自向皇上告發，因而報告給秘書監蕭裕。蕭裕又報告給完顏亮。完顏亮派人以擊鞠（打馬球）為名派人召喚宗本及判大宗正事宗美，二人一到，就命令徒單貞和蕭裕的妹夫近侍局副使耶律闢离剌將二人殺害，又殺唐括辯。正是欲加之罪，何患無辭，即使蕭玉的這些偽證也都是在處死宗本等人之後才編造出來的。「宗本已死，蕭裕使人召蕭玉。是日，玉送客出城，醉酒，露髮披衣，以車載至裕弟點檢蕭祚家。逮日暮，玉酒醒，見軍士圍守之，意為人所累得罪，故至此。以頭觸屋壁，號咷曰：『臣未嘗犯罪，老母年七十，願哀憐之。』裕附耳告之曰：『主上以宗本諸人不可留，已誅之矣，欲加以反罪，令汝主告其事。今書汝告款已具，上即問汝，汝但言宗本輩反如狀，勿復異詞，恐禍及汝家也。』裕乃以巾服與玉，引見海陵。海陵問玉。玉言宗本反，俱如裕所教。」〔註81〕

蕭玉隨從蕭裕誣告宗本，使宗本被殺後，深得完顏亮的歡心。自尚書省令史升為禮部尚書加特進，賜錢二千萬、馬五百匹、牛五百頭、羊千口，數月之後又升為參知政事。「丁母憂，以參政起復，俄授猛安，子尚公主。海陵謂玉曰：『朕始得天下，常患太宗諸子方強，賴社稷之靈，卿發其奸。朕無以報此功，使朕女為卿男婦，代朕事卿也。』賜第一區，分宗本家貲賜之。頃之，代張浩為尚書右丞，拜平章政事，進拜右丞相，封陳國公。」〔註82〕

〔註81〕《金史》卷七六《太宗諸子傳·宗本》，中華書局，1975年，第1733頁。
〔註82〕《金史》卷七六《太宗諸子·宗本傳附蕭玉傳》，中華書局，1975年，第1734～1735頁。

之後，文思署令閻拱與太子詹事張安之妻通姦，已經定案，但是蕭玉等人又加以訊問。完顏亮非常生氣，蕭玉與左丞蔡松年、右丞耶律安禮、御史中丞馬諷都被杖責。被杖責後，蕭玉等謝罪。「海陵曰：『爲人臣以己意愛憎，妄作威福，使人畏之。如唐魏徵、狄仁傑、姚崇、宋璟，豈肯立威使人畏哉，楊國忠之徒乃立威使人畏耳。』顧謂左司郎中吾帶、右司郎中梁銶曰：『往者德宗爲相，蕭斜律爲左司郎中，趙德恭爲右司郎中，除吏議法，多用己意。汝等能不以己意愛憎爲予奪輕重，不亦善乎。朕信任汝等，有過則決責之，亦非得已。古者大臣有罪，貶謫數千里外，往來疲於奔走，有死道路者。朕則不然，有過則杖之，已杖則任之如初。如有不可恕，或處之死，亦未可知。汝等自勉。』」〔註83〕完顏亮這番話說得冠冕堂皇，實則是唯恐大臣弄權，並視大臣爲奴僕。

正隆三年（1158），蕭玉被任命爲司徒，判大宗正事，負責管理金朝宗室（也就是皇族）事務。五年（1160），又以司徒兼御史大夫。完顏亮派參知政事李通告訴蕭玉：「判宗正之職固重，御史大夫尤難其人。朕將行幸南京，官吏多不法受賕，卿宜專糾劾，細務非所責也。御史大夫與宰執不相遠，朕至南京，徐當思之。」〔註84〕後又以司徒判大興尹，蕭玉固辭司徒之職。完顏亮安撫他說：「朕將南巡，京師地重，非大臣不能鎮撫，留卿居守，無爲多讓。」〔註85〕完顏亮到南京（今河南省開封市）後，任命蕭玉爲尚書左丞相，進封吳國公。至此，蕭玉位極人臣，成爲金朝奚人任職最高者。

完顏亮將要伐宋，爲此徵求蕭玉的意見。此時的蕭玉卻一反常日的懦弱，而勇敢地加以反對，他說：「天以長江限南北，舟楫非我所長。苻堅百萬伐晉，不能以一騎渡，以是知其不可。」〔註86〕完顏亮非常生氣，呵斥他並將他趕出去。後來尚書令張浩因故被完顏亮杖責，蕭玉也因爲此前反對伐宋而一併被杖責。完顏亮對群臣說：「浩大臣，不面奏，因人達語，輕易如此。玉以苻堅比朕，朕欲斷其舌，釘而磔之，以玉有功，隱忍至今。大臣決責，痛及爾

〔註83〕《金史》卷七六《太宗諸子・宗本傳附蕭玉傳》，中華書局，1975 年，第 1735頁。

〔註84〕《金史》卷七六《太宗諸子・宗本傳附蕭玉傳》，中華書局，1975 年，第 1735頁。

〔註85〕《金史》卷七六《太宗諸子・宗本傳附蕭玉傳》，中華書局，1975 年，第 1735頁。

〔註86〕《金史》卷七六《太宗諸子・宗本傳附蕭玉傳》，中華書局，1975 年，第 1736頁。

體，如在朕躬，有不能已者，汝等悉之。」〔註87〕

　　完顏亮親自率軍伐宋時，蕭玉與張浩被留在南京處理政務。之後，完顏亮被殺，金世宗即位，蕭玉被降爲奉國上將軍，放還回家，剝奪了所賜家產。因爲在宗本案中蕭玉是被迫作僞證的，世宗未對他加深懲治，很長時間之後，世宗又啟用他爲孟州防禦使，並告誡他說：「昔海陵欲殺太宗子孫，借汝爲證，遂被進用。朕思海陵肆虐，先殺宗本諸人，然後用汝質成其事，豈得專罪汝等。」〔註88〕後蕭玉轉任定海軍節度使，又任太原尹，因爲與少尹烏古論掃喝互相告狀，兩人被各削一官，蕭玉被解職，不久就去世了。

　　蕭玉有子名德用，大定二十四年（1184），尚書省上奏蕭德用該升遷了，但是被世宗以蕭玉爲完顏亮的幫兇爲由而制止，其生平事跡不詳。

三、蕭　恭

　　「蕭恭，字敬之，乃烈奚王之後也。」〔註89〕蕭恭的父親蕭翊天輔年間歸降金朝，從金軍攻興中府，隨即被任命爲興中府尹。金軍回師，蕭恭爲質子（也就是人質），可見，此時蕭翊還不爲金朝所信任。完顏宗望伐宋時，蕭翊本應當率領建、興、成、川、懿五州兵爲萬戶，但是軍帥認爲蕭恭勇猛，使其代理父職，時年二十三歲。戰爭進行中，在北宋中山府（今河北省定州市），蕭恭首先擊敗宋軍。後來又轉戰山東、渡過淮河、追擊康王（後來的宋高宗）趙構。回師後，蕭恭被任命爲德州（今山東省德州市）防禦使，屯駐在濱州（今山東省濱州市）、棣州（今山東省惠民縣）一帶的奚人都隸屬於他，後改任棣州防禦使。金熙宗皇統年間，改任同知橫海軍（滄州的軍號）節度使，後又任太原府少尹。因爲廉潔，升遷爲同知中京留守事，又遷至兵部侍郎，授世襲謀克。在此期間，完顏亮的弟弟完顏袞「坐語禁中起居狀，兵部侍郎蕭恭首問，護衛張九具言之。海陵親問。恭奪官解職，張九對不以實，特處死，袞與翰林學士承旨宗秀、護衛麻吉、小底王之章皆決杖有差。〔註90〕《金史·蕭恭傳》則記載蕭恭因此事也就是過問完顏亮宮中私密之事，而被

〔註87〕　《金史》卷七六《太宗諸子·宗本傳附蕭玉傳》，中華書局，1975 年，第 1736頁。

〔註88〕　《金史》卷七六《太宗諸子·宗本傳附蕭玉傳》，中華書局，1975 年，第 1736頁。

〔註89〕　《金史》卷八二《蕭恭傳》，中華書局，1975 年，第 1838 頁。

〔註90〕　《金史》卷七六《完顏袞傳》，中華書局，1975 年，第 1747 頁。

杖責，奪一官。貞元二年（1154），任同知大興府尹。一年多之後，升任兵部尚書，擔任宋國生日使。後任侍衛親軍馬步軍都指揮使。

正隆四年（1159），蕭恭遷光祿大夫，再次任兵部尚書。此前的正隆元年（1156），完顏亮「命與夏國邊界對立烽候，以防侵軼」。〔註91〕四年三月，蕭恭負責「經畫夏國邊界」〔註92〕，並立下了界碑。1987 年 6 月，在陝西省吳旗縣長官廟鄉白溝村後梁山頂上發現了 3 塊金與西夏的劃界碑。3 塊碑都高 65 釐米左右，寬 50 釐米左右。1 號碑上的文字爲「韋娘原界堠」、「正隆四年五月」、「宣差兵部尚書光祿」、「分劃定」等，2、3 號碑文字相同，爲「界堠」、「正隆四年五月」、「宣差兵部尚書光祿」、「分劃定」。〔註93〕這些碑就是蕭恭所立。碑的出土地點比鄰甘肅省華池縣元城子鄉前寨子溝村，東西鄰溝，南北均爲長梁。可見，當時的金夏就是以這南北山梁爲界。後來，在完顏亮南下侵宋時，西夏佔領了金的蕩羌、通峽、九羊、會川等城寨。但金世宗登基後，西夏很快又將這些城寨歸還，之後，雙方的疆界基本上維持不變。

蕭恭完成任務返回時，在臨潼丟失了完顏亮賜予的金牌。〔註94〕到太原，蕭恭憂懼成疾。這時他已將此事通過驛遞報告給了完顏亮，完顏亮命令再次頒賜給他一面金牌，並派使者傳達說：「汝失信牌，亦猶不謹。朕方俟汝，欲有委使，乃稱疾耶？必以去日身佩信牌，歸則無以爲辭，欲朕先知耳。」〔註95〕使者到達時，蕭恭已經病危，勉強跪拜接旨，一會兒即去世。完顏亮同時又派使者及蕭恭之子護衛蕭九哥緊急前往探視，並命令太原的官員善加護理。但是，蕭九哥及使者剛到保州（今河北省保定市），已得到蕭恭去世的消息。完顏亮深爲哀悼、惋惜。命令蕭九哥護送靈柩返回，沿途所過州府進行祭奠。回到中都後，命令百官祭奠。完顏亮也親臨祭奠，給予豐厚的奠禮，並御馬一匹。對九哥說：「爾父銜命，卒於道途，甚可悼惜。朕乘此馬十年，今賜汝父，可常控至柩前。既葬，汝則乘之。」〔註96〕

〔註91〕《金史》卷二六《地理志下》，中華書局，1975 年，第 653 頁。
〔註92〕《金史》卷五《海陵紀》，中華書局，1975 年，第 110 頁。
〔註93〕 參見姬乃軍：《陝西吳旗出土金與西夏劃界碑》，《文物》1994 年第 6 期。
〔註94〕關於金代金牌的功能與作用，請參見周峰：《金代金銀牌考述》，《黑龍江社會科學》2000 年第 2 期。
〔註95〕《金史》卷八二《蕭恭傳》，中華書局，1975 年，第 1839 頁。
〔註96〕《金史》卷八二《蕭恭傳》，中華書局，1975 年，第 1839 頁。

四、伯德特离補

伯德特离補是奚五王族人，在遼朝任御院通進。天會初年，與父親撻不也一起降金，撻不也被授世襲謀克，後以京兆尹致仕。在金朝對遼戰爭中，特离補先後招降松山州、平州、薊州等處，並督促當地軍民耕作。在對宋戰爭中，特离補隸屬於完顏宗望，任軍馬猛安，與其它將領謀劃攻佔保、邃、安三州。在進攻安肅軍時，河間府、雄州、保州等地十餘萬宋軍來救，特离補率所部先迎擊，大軍緊隨，大敗宋軍，隨即攻佔安肅軍。特离補暫時掌管安肅軍，降將胡愈企圖叛亂，特离補率兵擒愈及其屬下五十餘人。在安肅軍改爲州後，特离補出任同知州事。後改任磁州，捕獲太行山區原北宋起義軍民。元帥府將磁、相二州的屯兵都由特离補統轄，特离補出兵先後擒獲王會、孫小十、苗清等義軍首領，起義被平定。後特离補又先後任濱州刺史、涿州刺史。熙宗時，特离補任工部郎中，曾隨同張浩修繕東京（今遼寧省遼陽市）的宮殿建築。由於受到田珏之案牽連的緣故，尚書省的官員幾乎爲之一空，特离補未捲入其中，反而暫時管理尚書六部事務。後升任大理卿，出爲同知東京留守。海陵王天德三年（1151），再次任大理卿，又任同知南京留守、洺州防禦使。正隆年間，由於海陵王完顏亮的暴政引發了一系列人民起義，洺州無兵，難以抵禦。洺州原有河流流經城邊，於是特离補將河水引入護城河，城池得以鞏固。後又任崇義軍節度使，但時間不長即告老還鄉，不久，病死。特离補爲人孝順、謹慎，爲政簡單，不擾民。且清廉自守，凡調任，行李只有一車，奴婢數人隨行而已。「常曰：『俸祿已足養廉，衣食之外，何用蓄積。』」〔註97〕

五、蕭懷忠

蕭懷忠原名好胡，早年經歷不詳，但他是降金遼將無疑。在金滅北宋的戰爭中，他與移剌成等降金遼將都爲金所用，充當急先鋒。「宗弼再取河南，成及蕭懷忠等八猛安先渡。」〔註98〕到海陵王完顏亮時，蕭懷忠官至西北路招討使。貞元元年（1153）閏十二月，「命西京路統軍撻懶、西北路招討蕭懷忠、臨潢府總管馬和尚、烏古迪烈司招討斜野等北巡。」〔註99〕此次「北

〔註97〕《金史》卷八一《伯德特离補傳》，中華書局，1975年，第1826頁。
〔註98〕《金史》卷九一《移剌成傳》，中華書局，1975年，第2016頁。
〔註99〕《金史》卷五《海陵紀》，中華書局，1975年，第101頁。

巡」，無疑針對的是邊境的契丹人。在蕭裕企圖重建遼政權的過程中，曾派蕭招折結納蕭懷忠，同時也結納五院節度使耶律朗。但是蕭懷忠與耶律朗有矛盾，他抓住了蕭招折與耶律朗並向完顏亮告發，蕭裕等被殺。蕭懷忠因此功勞而陞官，貞元二年（1154）二月甲午，「西北路招討使蕭好胡爲樞密副使。」〔註100〕並被賜予「懷忠」之名。正隆元年（1156）正月乙丑，「樞密副使蕭懷忠罷，吏部尙書耶律安禮爲樞密副使。」〔註101〕蕭懷忠再次出任西北路招討使，後任西京留守，封王，改任南京留守。契丹撒八起事之後，正隆六年（1161）「六月癸卯，命樞密使僕散師恭、西京留守蕭懷忠將兵一萬討契丹諸部。」〔註102〕蕭懷忠同時還兼任西南面兵馬都統，同時出征的還有北京留守蕭賾、右衛將軍蕭禿剌、護衛十人長斡盧保。但是，眾將與撒八連戰無功，在撒八逃跑後，又不積極追擊。僕散師恭是完顏亮謀弒熙宗集團的主要成員，「及契丹撒八反，海陵命忽土與蕭懷忠北伐。比行，忽土入辭寧德，太后與語久之。海陵聞而惡之，疑其與太后有異謀。」〔註103〕對於蕭懷忠等人，完顏亮也猜忌不已，「海陵意謂懷忠與蕭裕皆契丹人，本同謀，逾年乃執招折上變，而撒八亦契丹部族，恐其合。」〔註104〕於是，正隆六年（1161）八月「癸亥，殺右衛將軍蕭禿剌、護衛十人長斡盧保，族樞密使僕散師恭、北京留守蕭賾、西京留守蕭懷忠。」〔註105〕被殺者之中，僕散師恭是女眞人，斡盧保族別不詳，其它人則都是契丹和奚人。由此，也可看出金朝統治者對契丹人及其同盟者奚人的強烈不信任。也有部分契丹將領爲了消除完顏亮的猜忌，而採取以家人爲人質的方法來取得其信任。如曾與蕭懷忠一同征宋的移剌成就是如此。「撒八反，海陵以事誅契丹名將，成以本軍守磁，即遣妻子還汴。海陵用是不疑。時人高其有識。」〔註106〕金世宗大定三年（1163），恢復了蕭懷忠等人的官爵。大定二十八年，金世宗曾與身邊的大臣談論及蕭懷忠等被殺之事。「上謂宰臣曰：『海陵遣僕散師恭、蕭禿剌、蕭懷忠追撒八不及，皆坐誅，遂夷其族，虐之甚也。』平章政

〔註100〕《金史》卷五《海陵紀》，中華書局，1975 年，第 102 頁。
〔註101〕《金史》卷五《海陵紀》，中華書局，1975 年，第 106 頁。
〔註102〕《金史》卷五《海陵紀》，中華書局，1975 年，第 114 頁。
〔註103〕《金史》卷一三二《逆臣傳・僕散師恭》，中華書局，1975 年，第 2825 頁。
〔註104〕《金史》卷九一《蕭懷忠傳》，中華書局，1975 年，第 2023 頁。
〔註105〕《金史》卷五《海陵紀》，中華書局，1975 年，第 114 頁。
〔註106〕《金史》卷九一《移剌成傳》，中華書局，1975 年，第 2016 頁。

事裏對曰：『是時臣在軍中，忽土、賾有精甲一萬三千有餘，賊軍雖多皆脅從之人，以氈紙爲甲，易與也。忽土等惬怯遷延，賊乃遁去。』上曰：『審如是，則誅之可也。』」〔註107〕可見，對於蕭懷忠等被殺，金世宗起初認爲是一件冤案，被殺者很值得同情。但在得知他們確實是畏敵避戰時，改變了自己的看法。對於此事，《金史・移剌窩斡傳》也有較爲詳細的記載。「海陵使樞密使僕散忽土、西京留守蕭懷忠將兵一萬，與右衛將軍蕭禿剌討平之。禿剌與之相持數日，連與戰皆無功，而糧餉不繼，禿剌退歸臨潢。禿剌雖不能克敵，而撒八自度大軍必相繼而至，勢不可支，謀歸於大石，乃率眾沿龍駒河西出。及僕散忽土、蕭懷忠等兵至，與禿剌合兵追至河上，不及而還。忽土、懷忠、禿剌坐逗遛不即追賊，皆誅死。北京留守蕭賾不能制其下，殺降人而取其婦女，亦坐誅。」〔註108〕

六、伯德窊哥

伯德窊哥，是西南路招討司所轄的咩糺奚人。在蒙古攻破西南路招討司轄區時，各州紛紛歸降，伯德窊哥堅守不屈。宣宗貞祐五年（1217），東勝州被攻陷後，窊哥與姚里鴉胡、姚里鴉兒等人招集義軍，重建東勝州。「河東北路行元帥府承制除窊哥武義將軍、寧遠軍節度副使，姚里鴉胡武義將軍、節度判官，姚里鴉兒武義將軍、觀察判官。」〔註109〕但是窊哥等人認爲此任命不是出自朝廷，因而心懷怨恨，四處出兵劫掠。興定元年（1217），宣宗任命窊哥爲武州刺史（只是遙授，並不赴任）、權節度使，姚里鴉胡權同知節度使事，姚里鴉兒權節度副使，各遷官兩階。興定三年（1219），窊哥又遷官三階，被遙授爲同知晉安府事。不久，即被任命爲東勝軍節度使。後東勝州再次被蒙古軍圍困，糧盡援絕，窊哥突圍而出，走保長寧寨。九月，再次被包圍，窊哥戰死。

七、蕭　肄

其早期生平不詳，最初見於熙宗時，他不但被熙宗寵幸，也詔媚於皇后，

〔註107〕《金史》卷一三二《逆臣傳・僕散師恭》，中華書局，1975 年，第 2825 頁。

〔註108〕《金史》卷一三二《叛臣傳・移剌窩斡》，中華書局，1975 年，第 2850～2851 頁。

〔註109〕《金史》卷一二二《忠義傳二・伯德窊哥》，中華書局，1975 年，第 2660 頁。

因此由秘書監升任參知政事。他雖然身列《金史·佞倖傳》，但其劣迹乃至全部事迹卻只有幾件事，並都與冤案聯繫在一起。在完顏亮企圖謀弒金熙宗的過程中，完顏亮集團曾就成功後立何人為皇帝進行過一番探討，但集團的主要成員唐括辯和完顏秉德都囑意於熙宗的弟弟完顏元（本名常勝），而並不認可完顏亮，因此完顏亮對於完顏元必欲除之而後快。熙宗末期，有河南軍士孫進自稱「皇弟按察大王」謀反，熙宗懷疑「皇弟」可能指的是常勝，派特思審問，但不得其實。完顏亮趁機進言：「孫進反有端，不稱他人，乃稱皇弟大王。陛下弟止有常勝、查剌。特思鞫不以實，故出之矣。」〔註110〕熙宗深以為然，於是又派唐括辯和蕭肄審問，酷刑之下，特思屈打成招。由此，常勝、查剌、特思都被殺。在這件事上，無疑蕭肄和完顏亮集團相勾結，製造了一起冤案。另外一件冤案就是誣陷翰林學士張鈞，皇統九年（1149）四月壬申夜，風雨交加，雷電擊毀了皇宮寢殿房頂的鴟尾。另外，由雷電引起的火災還燒毀了寢殿的帷幔。熙宗躲避到其它宮殿，並認為是上天示警，因此要下罪己詔。命令翰林學士張鈞起草，「鈞意欲奉答天戒，當深自貶損，其文有曰：『惟德弗類，上干天威』及『顧茲寡昧眇予小子』等語。肄譯奏曰：『弗類是大無道，寡者孤獨無親，昧則於人事弗曉，眇則目無所見，小子嬰孩之稱，此漢人託文字以詈主上也。』帝大怒，命衛士拽鈞下殿，榜之數百，不死，以手劍劙其口而醢之。賜肄通天犀帶。」〔註111〕張鈞事件，堪稱金代早期的文字獄。鑒於熙宗較高的漢文化修養，他不太可能看不懂張鈞文章的原意。從「肄譯奏」上看，很可能是熙宗根本未看張鈞的原文，而蕭肄應該精通女眞語，他用女眞語來向熙宗誣陷張鈞，因此造成冤案。儘管蕭肄與完顏亮有過合作，但是二人身為宰執，一起共事，蕭肄卻憑藉熙宗的恩寵傲視同列，因此與完顏亮交惡。在完顏亮篡權成功後，蕭肄雖然因完顏亮為安撫人心之需而與其它官員都被加官進爵，但幾日之後，完顏亮即「召肄詰之曰：『學士張鈞何罪被誅，爾何功受賞？』肄不能對。海陵曰：『朕殺汝無難事，人或以我報私怨也。』於是，詔除名，放歸田里，禁錮不得出百里外。」〔註112〕其結局不見載於史籍。

〔註110〕《金史》卷六九《完顏元傳》，中華書局，1975年，第1610頁。
〔註111〕《金史》卷一二九《佞倖傳·蕭肄》，中華書局，1975年，第2780頁。
〔註112〕《金史》卷一二九《佞倖傳·蕭肄》，中華書局，1975年，第2780頁。

八、蕭 裕

「蕭裕，本名遙折，奚人。初以猛安居中京，海陵爲中京留守，與裕相結，每與論天下事。裕揣海陵有覬覦心，密謂海陵曰：『留守先太師，太祖長子。德望如此，人心天意宜有所屬，誠有志舉大事，願竭力以從。』海陵喜受之，遂與謀議。海陵竟成弒逆之謀者，裕啓之也。」〔註113〕可見，早年蕭裕就與完顏亮建立了深厚的關係。完顏亮擔任尙書左丞時，先後扶植蕭裕擔任兵部侍郎、同知南京（今河南省開封市）留守、同知北京（今內蒙古自治區寧城縣）留守。完顏亮改任領行臺尙書省事時，路過北京，同蕭裕密謀：「我欲就河南兵建立位號，先定兩河，舉兵而北。君爲我結諸猛安以應我。」〔註114〕之後雖未按照原計劃執行，但是完顏亮登基後，在封賞完直接參與行弒的人之後，並未忘記「始作俑者」的蕭裕，在月餘後的天德二年（1150）正月辛巳，「以同知中京留守事蕭裕爲秘書監。」〔註115〕秘書監一職爲從三品，不算太高。因此，在蕭裕積極參與除掉完顏宗本等太宗子孫之後，四月，「海陵賞誅宗本功，以裕爲尙書左丞，加儀同三司，授猛安，賜錢二千萬、馬四百匹、牛四百頭、羊四千口。」〔註116〕七月，又升爲平章政事，並且監修國史。過去，只有首相即左丞相才可監修國史，這是完顏亮給予蕭裕的殊榮，並且對他說：「太祖以神武受命，豐功茂烈光於四海，恐史官有遺逸，故以命卿。」〔註117〕貞元元年（1153）三月，在遷都中都後，蕭裕被任命爲尙書右丞相兼中書令。「裕在相位，任職用事頗專恣，威福在己，勢傾朝廷。海陵倚信之，他相仰成而已。」〔註118〕

由於是蕭裕最先同完顏亮謀劃奪取皇位的，並且在謀弒的過程中及完顏亮登基後屠殺宗室、鞏固政權的一系列活動中蕭裕都起了重要作用，因而完顏亮始終對他信任有加。對疑心頗重的完顏亮來說，蕭裕可說是他一生中唯一的知己。但是隨著蕭裕勢力的膨脹，儘管完顏亮還未對他產生疑心，可是由於他對完顏亮太瞭解了，擔心完顏亮遲早會對自己產生疑心，向自己下手，再加之一系列的偶然事件，使他下了謀反的決心。蕭裕與高藥師〔註119〕關係

〔註113〕《金史》卷一二九《佞倖傳‧蕭裕》，中華書局，1975年，第2790頁。
〔註114〕《金史》卷一二九《佞倖傳‧蕭裕》，中華書局，1975年，第2790頁。
〔註115〕《金史》卷五《海陵紀》，中華書局，1975年，第94頁。
〔註116〕《金史》卷一二九《佞倖傳‧蕭裕》，中華書局，1975年，第2790頁。
〔註117〕《金史》卷一二九《佞倖傳‧蕭裕》，中華書局，1975年，第2790頁。
〔註118〕《金史》卷一二九《佞倖傳‧蕭裕》，中華書局，1975年，第2791頁。
〔註119〕高藥師其人只見於《金史‧蕭裕傳》，其生平事迹不詳。

很好，他把完顏亮曾向自己說的一些機密的話告訴了高，高隨即報告了完顏亮，並且揭發蕭裕有怨望之心。完顏亮告誡了蕭裕一番，但並未深加責怪。又有人說蕭裕擅權專政，完顏亮認爲這都是眾人出於對蕭裕的忌妒，也未相信。這時蕭裕的弟弟蕭祚任職左副點檢，妹夫耶律闢离剌任職左衛將軍，全家位隆勢重。完顏亮怕眾人因此對蕭家產生忌妒之心，於是外任蕭祚爲益都尹、耶律闢离剌爲寧昌軍節度使，來緩解眾人的疑心。但是完顏亮的這些舉措都未與蕭裕商量，也未告訴他自己的用意。天德四年（1152），完顏亮的弟弟完顏袞去世之前，任太尉、領三省事。他對蕭裕的飛揚跋扈很看不慣，因此常常有些小磨擦，蕭裕就認爲這是出於完顏亮的安排，以防備自己。而完顏亮的猜忌嗜殺是有目共睹的，蕭裕惟恐大禍臨頭，決定先採取行動，於是他聯合了前眞定尹蕭馮家奴、前御史中丞蕭招折、博州同知遙設及女婿遏剌補謀劃立遼天祚帝耶律延禧之孫爲皇帝，復興大遼。

參與蕭裕謀反的人都是奚人和契丹人。奚族「本曰庫莫奚，東部胡之種也。」〔註120〕而「契丹之先，與庫莫奚異種而同類。」〔註121〕可見兩族在歷史上有著淵源關係，並且在遼朝建立後，奚族在遼政權中佔有重要地位，乃至「奚有五王族，世與遼人爲昏，因附姓述律氏中。」〔註122〕述律氏也就是蕭氏，是遼代的后族。因而奚族蕭氏和契丹族蕭氏往往很難區分，以至趨於融爲一體。因此，蕭裕就倚靠契丹人和奚人圖謀復遼，但其主要目的還是爲了自保。

單靠蕭馮家奴和蕭招折等已免職官員難成大事，於是蕭裕派親信蕭屯納聯絡握有兵權的西北路招討使蕭懷忠，又派人聯絡節度使耶律朗。懷忠本名好胡，也是奚人。他對蕭裕的謀反不抱有太大信心，猶豫不決，對蕭屯納說：「此大事，汝歸遣一重人來。」〔註123〕蕭裕就派蕭招折前往，招折的御史中丞一職因有罪被完顏亮免去，因而心懷不滿，與蕭裕一拍即合。蕭懷忠從招折口中得知參與謀反的還有耶律朗，但是他與耶律朗有矛盾。並且蕭招折在熙宗時曾幫助完顏亮陷害太宗子完顏宗傑的孫子撻懶，因而蕭懷忠認爲招折是個反覆小人，不值得信任。「遂執招折並執朗，遣使上變。」〔註124〕參

〔註120〕《隋書》卷八四《北狄傳·奚》，中華書局，1973年，第1881頁。
〔註121〕《隋書》卷八四《北狄傳·契丹》，中華書局，1973年，第1881頁。
〔註122〕《金史》卷六七《奚王回离保傳》，中華書局，1975年，第1587頁。
〔註123〕《金史》卷一二九《佞倖傳·蕭裕》，中華書局，1975年，第2791頁。
〔註124〕《金史》卷九一《蕭懷忠傳》，中華書局，1975年，第2025頁。

與謀反的遙設給筆硯令史白答寫了封信，讓他幫助蕭裕謀反，自己也可取得
榮華富貴。白答也向完顏亮報告了此事。但完顏亮卻對蕭裕深信不疑，認爲
是白答在誣陷蕭裕，命令殺白答於市。當白答被帶出宣華門時，正值點檢徒
單貞得到蕭懷忠的報告，正要向完顏亮進奏，遇到了白答。他問明了情況，
先命令停止行刑，隨後向完顏亮報告，並請求赦免白答。在這雙重證據面前，
完顏亮馬上釋放了白答，並派左丞相完顏昂審問蕭裕，蕭裕當即承認了自己
的罪行。完顏亮對此甚爲驚愕，還不能完全相信這是自己最信賴的人之所
爲。又親自審問蕭裕，「裕曰：『大丈夫所爲，事至此又豈可諱。』海陵復問
曰：『汝何怨於朕而作此事？』裕曰：『陛下凡事皆與臣議，及除祚等乃不令
臣知之。領省國王每事謂臣專權，頗有提防，恐是得陛下旨意。陛下與唐括
辯及臣約同生死，辯以強忍果敢致之死地，臣皆知之，恐不得死所，以此謀
反，幸苟免耳。太宗子孫無罪皆死臣手，臣之死亦晚矣。』海陵復謂裕曰：
『朕爲天子，若於汝有疑，雖汝弟輩在朝，豈不能施行，以此疑我，汝實錯
誤。太宗諸子豈獨在汝，朕爲國家計也。』又謂之曰：『自來與汝相好，雖
有此罪，貸汝性命，惟不得作宰相，令汝終身守汝祖先墳壟。』裕曰：『臣
子既犯如此罪逆，何面目見天下人，但願絞死，以戒其餘不忠者。』海陵遂
以刀刺左臂，取血塗裕面，謂之曰：『汝死之後，當知朕本無疑汝心。』裕
曰：『久蒙陛下非常眷遇，仰戀徒切，自知錯繆，雖悔何及。』海陵哭送裕
出門，殺之。」〔註125〕對於二人的這番最後對話，有的研究者認爲：「海陵
對蕭裕當時沒產生懷疑當是實情，對密謀夥伴，得力助手的失去覺得可惜，
刺血出塗其面，哭而送之，準備饒其性命禁錮終身，海陵都能做到。因爲在
蕭裕來說，其政治力量已經消失。而蕭裕對海陵的眷切、懺悔，殺之以爲不
忠者戒等語，尙屬欺騙話。當時雙方都把對方看透了，是以一個求死，一個
表示寬宥，二人都在演戲給對方看。因此，蕭裕終於不免一死。」〔註126〕
筆者認爲上述說法未免有些偏頗。完顏亮確實並未對蕭裕有疑心，否則正如
他所說，區區蕭祚等人在朝又何能爲。蕭裕謀反也確實不是出於本心，而是
出於對完顏亮的誤解，爲了保命。否則如果他單純爲了復興大遼（蕭裕還談
不上有這麼高的境界），以區區數人又談何容易。退一萬步說，大遼即使復

〔註125〕《金史》卷一二九《佞倖傳‧蕭裕》，中華書局，1975 年，第 2792 頁。
〔註126〕何俊學、張達昌、于國石：《金朝史》，中國社會科學出版社，1992 年，第 226
　　　　頁。

興，他官職再高，也不過位居宰相而已。而此時他早已經位傾朝野，一人之下，萬人之上了，夫復何求？他謀反的原因，歸根到底還是由於完顏亮的性格弱點造成的，即疑心太重。雖然他對蕭裕並未有任何疑心，但是殘酷的政治鬥爭經驗還是使蕭裕難免判斷失誤。因此，事到如此，兩人最後的對話和舉動也就沒有必要再逢場作戲了，確實都是眞情的流露。兩人自從中京相識，蕭裕首先啓開完顏亮的覬覦之心，並最終幫他成就了大事。完顏亮待蕭裕也不薄，使他位極人臣。十餘年間，兩人不僅僅是君臣關係——不像完顏亮與完顏秉德和唐括辯之間互相利用的關係——而且更是知己，完顏亮一生中也未再像信任蕭裕一樣信任過任何人。

在殺蕭裕的同時，遙設與蕭馮家奴及馮家奴的妻子——豫王之女和兒子蕭穀也一併被殺。完顏亮又派護衛龐葛赴西北路招討司殺耶律朗和蕭招折，另外四人無罪也被龐葛所殺，但完顏亮僅僅對龐葛杖責五十而已。蕭屯納和遏剌補出逃，最終屯納被捕獲殺死，而遏剌補自縊而死。屯納出逃時曾藏至河間少尹蕭之詳和之詳的親戚茶扎家，二人也都受牽連被殺。至此，完顏亮平定了他在位期間惟一的一場親信大臣的謀反。

九、蕭公建、蕭謙、蕭資茂

蕭資茂《金史》無傳，近年在北京市平谷區黃松峪鄉轎子墳村出土了他及其母親耶律氏的兩合墓誌銘（以下簡稱蕭誌與耶律誌）。據蕭誌，蕭資茂的祖父、父親是蕭公建、蕭謙，蕭氏家族爲「奚五帳族人」。奚族分爲遙里、伯德、奧里、梅只、楚里五部，也就是五帳族或五王族。遼太祖「盡降之，號五部奚」〔註127〕，後來又置墮瑰部，合稱六部奚，立奚王統領之，又稱奚王府六部五帳分。

據蕭誌，蕭資茂的「皇曾祖諱勖，遼西京留守」，也就是說其曾祖父蕭勖的最高官職爲遼西京留守，蕭勖很可能就是遼代的最後一任西京留守蕭查（察）剌，蕭勖很可能是蕭查（察）剌的漢名。保大二年（1122）三月，遼末代皇帝天祚帝在金軍的威逼下，逃離南京，前往夾山（今陰山），途中經過雲中城也就是西京，「過雲中城下，撫論留守蕭查剌，轉運劉企常等云：『金兵不遠，好與軍民守城。』」〔註128〕但是在金兵抵達西京城下後，「蕭查剌等率

〔註127〕《遼史》卷三三《營衛志下》，中華書局，1974年，第387頁。

〔註128〕〔宋〕葉隆禮撰，賈敬顏、林榮貴點校：《契丹國志》卷一一，上海古籍出版

軍民父老開門迎降，金主阿骨打留精兵二百騎，與留守自衛……金兵自追天祚，旬日未回，府中兵變，推馬權、韓執謙爲都統，逐出蕭查剌等及衛兵，閉門拒守。金兵回至城下，見留守等被逐，督軍民攻城，彌旬破城。」〔註129〕《金史》的記載不太一樣，「西京已降復叛，（完顏）杲使招之不從，遂攻之。留守蕭察剌逾城降。四月，復取西京」。〔註130〕也就是說蕭察剌是在西京已降復叛之後再次投降。蕭勸降金之後的屢歷不詳，但不管怎樣，由於蕭勸降金有功，因而其後代在金代仕途順利。

　　據蕭誌，蕭資茂的祖父蕭公建「以京兆□□□□管致仕」，也就是退休之前的最後一任官職爲「京兆□□□□管」，應該是「京兆府兵馬都總管」，也就是京兆府（今西安）府尹。金代官制，府設長官府尹一名，正三品，兼本路兵馬都總管府事。而據耶律誌，蕭公建在皇統元年（1141）時任同知西京留守事，金代諸京留守爲正三品，兼本府府尹及本路兵馬都總管，同知留守事爲正四品，兼同知本府尹及同知本路兵馬都總管。可見，蕭公建應是在任同知西京留守事之後任京兆府府尹也就是京兆府兵馬都總管。蕭公建任同知西京留守事之前還曾「尹濟南」，應該爲濟南府少尹，金代府設少尹一名，正五品。蕭公建的官階爲金紫光祿大夫，爲正二品上階，高於其實際官職。蕭誌載「朝廷以金紫府君有功，授謀克」，此「金紫府君」就是蕭公建。蕭誌載，蕭資茂爲「達撒山行軍謀克、孛謹」，金代猛安謀克爲世襲官職，蕭資茂的謀克應該是承襲自蕭公建。金初，爲了使敵對力量爲己所用，金朝向歸順及投降自己的渤海、契丹等族權貴授予猛安、謀克等職。而向奚族授予猛安謀克則出自完顏撻懶的奏請，完顏撻懶在滅遼的過程中，在天輔七年（1123）被任命爲奚六路軍帥，統率歸降的奚族諸部，「其後撫定奚部，及分南路邊界，表請設官鎮守。上曰：『依東京、渤海例置千戶謀克。』」〔註131〕可見，蕭公建被授予達撒山謀克應在1123年之後，很可能是因爲他協助其父降金，因此有功而授，並被其子孫世襲。「達撒山」不見於金史記載，不詳今地何在，但它無疑應在奚族地區。據《遼史》卷三一《營衛志上》載，在世宗積慶宮、應天皇太后長寧宮、承天皇太后崇德宮所屬的瓦里（據《遼史》卷一一六《國

　　　　社，1985年，第120頁。
〔註129〕〔宋〕葉隆禮撰，賈敬顏、林榮貴點校：《契丹國志》卷一一，上海古籍出版
　　　　社，1985年，第120頁。
〔註130〕《金史》卷七六《完顏杲傳》，中華書局，1975年，第1738頁。
〔註131〕《金史》卷七七《撻懶傳》，中華書局，1975年，第1763頁。

語解》,「瓦里」是「官府名,宮帳、部族皆設之。凡宗室、外戚、大臣犯罪者,家屬沒入於此」。)中都有名為達撒的,有可能這3個瓦里都是由來自「達撒」的奚人構成,「達撒山」有可能是奚族的聚居地。另外,《金史》中未見謀克前加行軍二字者,但行軍猛安則屢見不鮮,如移剌成「天會間,隸撻懶下為行軍猛安,與宋人戰於楚、泗之間,成以所部先登,大破宋軍,功最諸將」〔註132〕。夾谷胡剌,「正隆末,山東盜起,胡剌為行軍猛安討賊,遇賊千五百人於徐州南,敗之」〔註133〕。可見,行軍二字加在猛安之前,都是在戰爭時期。蕭資茂的「達撒山行軍謀克」也正是這種情況。「孛謹」也就是勃堇,是女真語,最初是女真氏族部落首領的意思,後來發展成為長官之意,並且授予女真族之外的其它民族。有的研究者認為在太宗時期,勃堇逐漸被封建官職名稱所取代。〔註134〕但是根據本墓誌提供的史料,勃堇一職至遲在海陵王正隆年間仍存在。

　　據蕭誌,蕭資茂的父親蕭謙,「以□□軍節度使致仕,參官榮祿大夫」。據耶律誌,蕭謙還曾任過□□將軍、濱州知州。蕭謙也不見載於《金史》,可補《金史》之缺。蕭謙有一弟弟名黏漢。

　　據蕭誌,蕭資茂兄弟共三人,其弟為資義、資艾,耶律誌載耶律氏有孫三人:建孫、公孫、昌孫,可見,建孫、公孫、昌孫分別是資茂、資義、資艾的小名。我們可以得出蕭氏世系如下:

蕭公建家族世系表

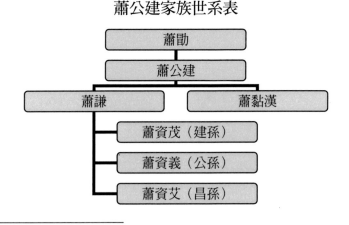

〔註132〕《金史》卷九一《移剌成傳》,中華書局,1975年,第2015頁。

〔註133〕《金史》卷八六《夾谷胡剌傳》,中華書局,1975年,第1924頁。

〔註134〕參見程妮娜:《金代政治制度研究》第二章《勃堇制度》,吉林大學出版社,1999年。

蕭誌記載的蕭資茂的生平很簡單，他曾撫養年幼的弟妹，另外爲人「公平廉愼，人賴其德」。但是墓誌所載的蕭資茂之死，卻爲我們瞭解金代一次較大的人民起義提供了新的資料。據蕭誌記載：「（正隆）五年，盜據東……致討，公與弟資義、資艾偕行。既……與資義同溺而卒。」由於誌文殘泐過甚，對蕭資茂的死亡經過我們不得其詳，但是，可以肯定的是，蕭資茂死於金海陵王完顏亮時期一次較大的人民起義——東海之亂中〔註 135〕。東海是金朝山東東路益都府海州屬下五縣中的一個縣，位於今江蘇省連雲港市南，在金代爲海島。完顏亮在侵宋之前，出於備戰的需要，對人民進行了殘酷的掠奪、壓榨，激起了人民的普遍反抗，而東海舊爲宋地，人民普遍心嚮往宋，因而在正隆五年（1160），爆發了大規模的人民起義，也就是誌文所說的「五年，盜據東……」。當年「三月辛巳，東海縣民張旺、徐元等反，遣都水監徐文、步軍指揮使張洪信、同知大興尹事李惟忠、宿直將軍蕭阿窊率舟師九百，浮海討之，命之曰：『朕意不在一邑，將試舟師耳。』」〔註 136〕對此事，《金史》卷 79《徐文傳》有更詳細的記載：「東海縣人徐元、張旺作亂，縣人房眞等三人走海州，及走總管府，上變。州、府皆遣使效隨眞等詣東海觀賊形勢，皆爲賊所害。州、府合兵攻之，累月不下。海陵且欲伐宋，惡聞其事，詔文與步軍指揮使張弘信、同知大興尹李惟忠、宿直將軍蕭阿窊率舟師九百浮海討之，謂文等曰：『朕意不在一邑，將以試舟師耳。』文等至東海，與賊戰，敗之，斬首五千餘級，獲徐元、張旺，餘眾請降。是役也，張弘信行至萊州，稱疾留止，日與妓樂飲酒。海陵聞之。師還，杖弘信二百。文遷定海軍節度使。房眞等三人官賞有差。死賊者皆贈官三級，以銀百兩、絹百匹賜其家。」蕭資茂有可能就是「宿直將軍蕭阿窊」，但因史料所限，待考。蕭資茂和其弟蕭資義就是在這次戰爭中陣亡，也就是誌文所說的「……致討，公與弟資義偕行。既……舟壞，與資義同溺而卒」。

徐元、張旺領導的這次東海起義聲勢浩大，這從後來被殺的起義者有五千之多可以看出。海州爲金「邊境置兵之州三十八」〔註 137〕之一，而益都府爲「置兵，於要州者十一」〔註 138〕之一，但即使州、府合兵也難以將起義鎮

〔註 135〕關於東海之亂，詳見拙作《略說完顏亮伐宋之前的東海之亂》，《黑龍江農墾師專學報》2002 年第 1 期。

〔註 136〕《金史》卷五《海陵紀》，中華書局，1975 年，第 111 頁。

〔註 137〕《金史》卷四四《兵志》，中華書局，1975 年，第 998 頁。

〔註 138〕《金史》卷四四《兵志》，中華書局，1975 年，第 998 頁。

壓下去。因而海陵王不得不派出準備用於南侵的水軍，卻又大言「意不在一邑，將以試舟師耳。」儘管有一定的訓練水師的作用，但海陵王爲了南侵有一穩固的後方，平定起義還是其主要目的，因而派出了水師中的精銳。金水師總數《金史》卷129《李通傳》有記載，「海陵因出獵，遂至通州觀造戰船，籍諸路水手得三萬餘人。及東海縣人張旺、徐元反，遣都水監徐文等浮海討之。」因此可見，出動的九百水師是在三萬人中挑選出來的。但是，這些人的戰鬥力並不高，蕭資茂和其弟蕭資義的死因也與此有關。金軍的戰船是在宋降人的幫助下建造的，而士兵都是簽發來的，因而士氣低落。「金人所造戰船，係是福建人，北人謂之倪蠻子等三人指教。打造七百隻，皆是通州樣。各人補忠翊校尉。虜主云將來成功，以節度使待之。其所統主將皆南官，靳賽、徐文、孟彬、王大刀等主管。然其所括水手，皆灌園、種稻、取漁之人，實不諳江海水性。其官吏往往通賄賂，謂如實曾駕舟之人，有錢則免。其不諳水性者，無以爲賂，則反被差委。其宿州水手無處聲冤，眾人共毆殺本州同知奴婢而行，可見人心是脅從。」〔註139〕金水師因都是簽軍，都爲強行徵發而來，並且大多爲原來宋的臣民，普遍厭戰，戰鬥力不高。因此可能在蕭資茂兄弟因船壞落水的情況下，士兵無心或無力救撈，才導致了蕭資茂兄弟的溺水身亡。

由於誌文殘泐，不知因何原因，蕭資茂死後，其屍骨一直暫時存放在容城三臺鄉（今河北省安新縣三臺鎮），直到大定二十五年（1185）才埋葬於祖塋「漁陽醴泉鄉先塋」，而耶律誌也載耶律氏葬於「薊州漁陽縣□□□樂山之原」，該地今名爲北京平谷區黃松峪鄉轄子墳村。可見，身爲奚族的蕭氏家族在降金後，尤其是在蕭公建被任命爲謀克後，也就是家族被編入猛安謀克後，很可能其家族隨金初猛安謀克南遷的潮流內遷至薊州漁陽縣，因此，至遲在早於蕭公建而死的耶律氏時，這裡已經成爲蕭氏家族的祖墳所在，而今天該地名爲轄子墳村，無疑源自此地埋葬著奚族世家蕭氏家族。

〔註139〕〔宋〕徐夢莘：《三朝北盟會編》卷二三〇引《崔陟孫淮夫、梁曳上兩府箚子》，上海古籍出版社，1987年，第1652頁。

第八章　元代的奚族

元代，原來北方的漢族、契丹、女眞族逐漸融合，都被視爲漢人，被列爲第三等級，所謂的漢人八種，包括「契丹、高麗、女直、竹因歹、朮里闊歹、竹溫、竹赤歹、渤海」。〔註1〕其中並不包含奚族，可見，作爲一個整體，奚族在元代已經消失了。但是，有一些人，雖然其民族特徵幾乎無存了，但作爲奚族後代的身份卻明確無誤，這些人可以稱之爲最後的奚人。其中，兩個石抹家族是其典型代表。

第一節　石抹也先家族

一、石抹也先家族世系

石抹也先其人在《元史》中有傳，而且由於修《元史》者的疏漏，他被當成兩人立傳，分別是卷150的《石抹也先傳》和卷152的《石抹阿辛傳》。「石抹阿辛，迪列糺氏。」〔註2〕其後人石抹宜孫的傳中也記載道：「其先遼之迪列糺人。」〔註3〕迪列糺就是迪烈部，在《遼史》中被稱爲奚迭剌部，又稱爲迭剌迭達部。奚迭剌部由遼太祖耶律阿保機創建於唐天復三年（903）。「先是德祖俘奚七千戶，徙饒樂之清河，至是創爲奚迭剌部，分十三縣。」〔註4〕《遼史·營衛志》記載略有不同：「迭剌迭達部。本鮮質可汗

〔註 1〕　〔元〕陶宗儀《南村輟耕錄》卷一《氏族》，中華書局，1959 年，第 14 頁。
〔註 2〕　《元史》卷一五二《石抹阿辛傳》，中華書局，1976 年，第 3603 頁。
〔註 3〕　《元史》卷一八八《石抹宜孫傳》，中華書局，1976 年，第 4309 頁。
〔註 4〕　《遼史》卷一《太祖紀上》，中華書局，1974 年，第 2 頁。

所俘奚七百戶，太祖即位，以爲十四石烈，置爲部。隸南府，節度使屬西南路招討司，戍黑山北，部民居慶州南。」〔註5〕爲此。孟廣耀先生有詳細考證，認爲應以七千戶、十四石烈爲準，奚迭剌部就是迭剌迭達部。〔註6〕關於奚迭剌部的駐地，葛華廷先生認爲：「奚迭剌部的居地，當即在遼饒州與慶州之間，也就是現在的內蒙古赤峰市林西縣、巴林右旗的中部一帶。」〔註7〕但是記載石抹氏家族的多種文獻與此不同。有的記載石抹氏是「遼陽大寧人」。〔註8〕元代的遼陽行省大寧路就是今天的遼寧省朝陽縣一帶。有的記載「從葬於柳城之先塋」。〔註9〕柳城是古地名，漢唐以來，柳城縣、柳城郡都在今朝陽市、朝陽縣一帶，至今朝陽縣仍有柳城鎮這一地名。可見，這裡是石抹家族的世居地，奚迭剌部的居地，也應在此一帶。

關於石抹也先家族的出處，《元史》及其它史料記載都有失誤之處。《元史》記載：「其先嘗從蕭后舉族入突厥，及后還而族留。至遼爲述律氏，號稱后族。遼亡，改述律氏爲石抹氏。」〔註10〕《沿海上副萬戶石抹公神道碑》記載：「其先，出於梁蕭氏，隨蕭后以族人入於突厥，後歸唐，而其族留突厥，至遼爲述律氏，仕遼多至顯官。金滅遼，改命爲石抹氏。」〔註11〕《總管黑軍石抹公行狀》記載：「契丹太祖后蕭氏能用兵，太祖並一諸部，擊滅鄰國，侵軼中夏，以大其國家，后與有力焉。故世后皆蕭氏，而蕭遂爲右族。金滅契丹，易蕭爲石抹氏。」〔註12〕這些記載都將奚族的蕭氏與遼代的后族蕭氏混爲一談。僅以石抹氏出身於奚迭剌部來說，其家族不可能是后族蕭氏。

石抹也先「其祖庫烈兒，誓不食金祿，率部落遠徙。年九十，夜得疾，命家人候日出則以報，及旦，沐浴拜日而卒。」〔註13〕石抹庫烈兒是石抹氏

〔註5〕《遼史》卷三三《營衛志下》，中華書局，1974年，第388頁。

〔註6〕孟廣耀：《試論遼朝直轄奚族諸部營——兼論奚人契丹化問題》，《東北地方史研究》1988年第3期。

〔註7〕葛華廷：《遼奚迭剌部及相關問題淺探》，《北方文物》2009年第2期。

〔註8〕〔元〕許謙：《白雲集》卷一《總管黑軍石抹公行狀》，叢書集成初編本，商務印書館，1936年，第9頁。

〔註9〕〔元〕黃溍：《沿海上副萬戶石抹公神道碑》，載《黃溍全集》，王頲校注，天津古籍出版社2008年，第691頁。

〔註10〕《元史》卷一五二《石抹也先傳》，中華書局，1976年，第3541頁。

〔註11〕〔元〕黃溍：《沿海上副萬戶石抹公神道碑》，載《黃溍全集》，王頲校注，天津古籍出版社，2008年，第691～692頁。

〔註12〕〔元〕許謙：《白雲集》卷一《總管黑軍石抹公行狀》，叢書集成初編本，商務印書館，1936年，第9～10頁。

〔註13〕《元史》卷一五二《石抹也先傳》，中華書局，1976年，第3541頁。

家族可考的第一代，其生平事迹較簡單，中心內容就是庫烈兒在遼朝滅亡後不認同金朝的統治，可見奚族與契丹族的認同感還是較爲強烈的，並且「拜日」也就是朝拜太陽也是奚族與契丹族共同的信仰。《沿海上副萬戶石抹公神道碑》和《總管黑軍石抹公行狀》對石抹庫烈兒的記載也大致相同。

石抹氏家族的第二代石抹脫羅華察兒事迹也較爲簡單，各種史料只是說明其不曾擔任金朝的官職。

脫羅華察兒有五子，是爲石抹氏家族的第三代，其中以石抹也先最出名，其生平詳見下文。石抹也先是脫羅華察兒的次子，其兄贍德納，曾擔任金朝的奚部長。「後亦棄金官來歸，爲別失八里達魯花赤。」〔註14〕脫羅華察兒其他三子史無記載。

石抹氏家族的第四代有石抹也先的四子，「曰查剌，曰咸錫，曰博羅，曰侃。」〔註15〕查剌事迹詳後，咸錫、博羅事迹不彰。石抹侃「耶律氏所出，勇力兼人，善射。嘗知興中府，後隱居不仕。」〔註16〕贍德納至少有一子，但其名字不詳。

石抹氏家族的第五代有石抹查剌的兒子石抹庫祿滿，其生平詳後。石抹咸錫的兒子名石抹度剌，在進攻南宋樊城的戰鬥中戰死。另外《石抹氏神道碑》載石抹也先還有一孫名彥文，〔註17〕很可能彥文就是石抹度剌。贍德納的孫子亦剌馬丹官至遼陽省左丞。

石抹氏家族的第六代有石抹庫祿滿之子石抹良輔，他襲父祖之職任黑軍總管，「以黑軍攻五河及湖南諸部，宋平，論功行賞，賜金虎符，歷蔡州弩軍萬戶、黃州招討使。」〔註18〕至元十七年（1280）「以功累升昭毅大將軍、沿海副都元帥。二十一年，改沿海上副萬戶。大德十一年，告老。」〔註19〕石抹庫祿滿次子名豐兒，曾任「豐縣尹」。〔註20〕第六代還有亦剌馬丹之子倉赤，

〔註14〕《元史》卷一五二《石抹也先傳》，中華書局，1976年，第3543頁。
〔註15〕《元史》卷一五二《石抹也先傳》，中華書局，1976年，第3542～3543頁。
〔註16〕〔元〕胡祗遹：《石抹氏神道碑》，載《胡祗遹集》，魏崇武、周思成校點，吉林文史出版社，2008年，第352頁。
〔註17〕〔元〕胡祗遹：《石抹氏神道碑》，載《胡祗遹集》，魏崇武、周思成校點，吉林文史出版社，2008年，第352頁。
〔註18〕〔元〕黃溍：《沿海上副萬戶石抹公神道碑》，載《黃溍全集》，王頲校注，天津古籍出版社，2008年，第692頁。
〔註19〕《元史》卷一五二《石抹也先傳》，中華書局，1976年，第3543頁。
〔註20〕〔元〕許謙：《白雲集》卷一《總管黑軍石抹公行狀》，叢書集成初編本，商務印書館，1936年，第11頁。

曾任湖廣行省平章政事。〔註21〕

石抹氏家族的第七代有石抹良輔之子石抹繼祖，生平詳後。石抹繼祖有弟數人，一名振祖，承襲繼祖之職，生平不詳。

石抹氏家族的第八代有石抹繼祖之子五人：宜孫、文孫、德孫、厚孫、哈剌。宜孫生平詳後。文孫、德孫「俱國子學生」。〔註22〕厚孫曾襲父職任沿海上副萬戶。哈剌生平不詳。

石抹家族中先後有四人為蒙元政權戰死，並且多人娶有蒙古族夫人，可見其與蒙元統治者的密切關係。石抹家族的民族特徵逐漸淡化，到了石抹繼祖、宜孫父子時，漢化的趨勢更加明顯。

〔註21〕《元史》卷一五二《石抹也先傳》，中華書局，1976年，第3543頁。
〔註22〕〔元〕黃溍：《沿海上副萬戶石抹公神道碑》，載《黃溍全集》，王頲校注，天津古籍出版社，2008年，第694頁。

石抹也先家族世系表

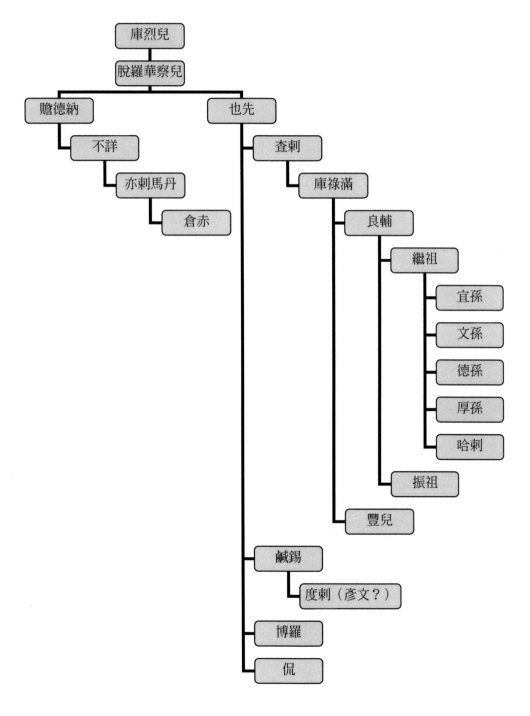

二、石抹也先生平

　　《元史・石抹也先傳》將其塑造成爲一個和其父祖一樣「不食金禄」的人物。稱他「年十歲，從其父問宗國之所以亡，即大憤曰：『兒能復之。』及長，勇力過人，善騎射，多智略，豪服諸部。金人聞其名，徵爲奚部長，即讓其兄贍德納曰：『兄姑受之，爲保宗族計。』遂深自藏匿，居北野山，射狐鼠而食。」〔註23〕但實際情況則不然，元朝人胡祗遹根據石抹也先的曾孫石抹良輔提供的其生平資料撰寫了《石抹氏神道碑》，記述了石抹也先的生平，應該更爲眞實可靠。其中關於石抹也先在金朝的情況是：「公幼穎悟，未冠，雄勇過人。以將家子，弓槊鞍馬不習而能。及長，精通吏事。契丹、女直兩朝語言、風俗、政治、典故，耳目習熟。仕金爲譯事，未幾，以明辨廉幹遷西北路招討使幕官，繼以軍功拜萬夫長。公請讓職於族兄章達納，願以副貳自處，金帝嘉其遜悌友愛而從之。」〔註24〕譯事在金朝的正式稱呼是譯史，是負責翻譯的低級吏員。在尙書省、御史臺和樞密院等中央機構都設有譯史，諸京、府、轉運司和防禦州、刺史州、招討司也設譯史。石抹也先就應該是通曉契丹語言、文字而擔任了西北路招討司的譯史，繼而又升任西北路招討使的屬官，後因軍功升任萬戶（也可能就是奚部長）。後來，將其職務讓給其兄，自己擔任副職，而不是退隱深山。

　　金章宗去世後，金朝開始衰落，朝綱紊亂。「逆臣擅命，乾綱解弛。宗室貴戚素無威柄，重以宴安佚樂，昇平日久，平居無事，口脂面藥，軟媚如婦人女子。一旦內亂遽起，惶駭憂懼，莫知所爲。」〔註25〕這樣，在蒙古大軍入侵時，石抹也先與其兄率所部（應以奚人、契丹人爲主）投降了成吉思汗。成吉思汗令其歸屬木華黎麾下。在隨木華黎進攻金朝東京（今遼寧省遼陽市）時，石抹也先任先鋒，「諜知金人新易東京留守將至，也先獨與數騎邀而殺之，懷其所受誥命，至東京，謂守門者曰：『我新留守也。』入據府中，問吏列兵於城何謂，吏以邊備對，也先曰：『吾自朝廷來，中外晏然，奈何欲陳兵以動搖人心乎！』即命撤守備，曰：『寇至在我，無勞爾輩。』是夜，下令易置其將佐部伍。三日，木華黎至，入東京，不費一矢，得地數

〔註23〕《元史》卷一五二《石抹也先傳》，中華書局，1976年，第3541頁。

〔註24〕〔元〕胡祗遹：《石抹氏神道碑》，載《胡祗遹集》，魏崇武、周思成校點，吉林文史出版社，2008年，第351頁。

〔註25〕〔元〕胡祗遹：《石抹氏神道碑》，載《胡祗遹集》，魏崇武、周思成校點，吉林文史出版社，2008年，第351頁。

千里、戶十萬八千、兵十萬、資糧器械山積，降守臣寅答虎等四十七人，定城邑三十二。」〔註 26〕石抹也先利用對金朝官場熟悉的優勢以計謀奪取了東京，在投降蒙古之初，就立下了汗馬功勞。接著，蒙古軍進攻北京（今內蒙古寧城縣），金北京路宣撫使兼北京留守奧屯襄率兵 20 萬在花道迎戰，被擊敗，陣亡 8 萬人。隨即，北京被圍困，城中糧盡，金軍中的契丹人首先出降，城圍愈急，城中發生了內亂，奧屯襄被北京宣差提控完顏習烈所殺，不久，完顏習烈也被人所殺，金軍出降，北京陷落。木華黎憤恨城久不破，想要坑殺全城軍民，石抹也先勸阻說：「北京爲遼西重鎮，既降而坑之，後豈有降者乎？」〔註 27〕這樣，北京的軍民才得以保全性命。之後，石抹也先被任命爲北京達魯花赤，招降了割據興中府（今遼寧省朝陽市）的石天應。

金朝貞祐二年（1214）十月，錦州張鯨聚眾十餘萬，殺節度使，自稱臨海郡王，向蒙古投降。次年四月，成吉思汗命木華黎派張鯨總領北京十提控兵馬南征。但是張鯨投降蒙古只是出於自保，並不想替蒙古賣命。石抹也先協助脫忽蘭闍里必監督張鯨軍。軍至平州時，張鯨謀叛，「也先執鯨送行在所，帝責之曰：『朕何負汝？』鯨對曰：『臣實病，非敢叛。』帝曰：『今呼汝弟致爲質，當活汝。』鯨諾而宵遁，也先追戮之，致已殺使者應其兄矣。致既伏誅，也先籍其私養敢死之士萬二千人號黑軍者，上於朝。」〔註 28〕從此黑軍爲石抹家族所擁有，世代相襲。

1215 年 5 月，「特恩錫虎符，拜鎮國上將軍，以御史大夫提控諸路元帥府事。是歲十月，詔同左監軍王守玉偕來至闕，勅自灤水東、遼水西土地郡邑，一聽公約束。」〔註 29〕石抹也先實際成爲其家鄉所在地區的統治者。但好景不長，1217 年，石抹也先隨同木華黎南侵，在進攻金朝蠡州（今河北省蠡縣）北城時，被礮石擊中而死，時年 41 歲。石抹也先有三位夫人，分別是蒙古氏、蕭氏、耶律氏，蒙古氏肯定是蒙古人，耶律氏是契丹人，蕭氏可能是奚族，也可能是契丹人。由此可見，石抹也先同契丹人、蒙古人都有著密切的關係。

〔註 26〕《元史》卷一五二《石抹也先傳》，中華書局，1976 年，第 3541 頁。
〔註 27〕《元史》卷一一九《木華黎傳》，中華書局，1976 年，第 2931 頁。
〔註 28〕《元史》卷一五〇《石抹也先傳》，中華書局，1976 年，第 3542 頁。
〔註 29〕〔元〕胡祗遹：《石抹氏神道碑》，載《胡祗遹集》，魏崇武、周思成校點，吉林文史出版社，2008 年，第 352 頁。

三、石抹查剌生平

石抹查剌是也先之子，也擅長射箭，「發矢無不中，嘗一日射飛雉三十。」
〔註30〕1218年，襲任其父的御史大夫，統領黑軍。黑軍「皆猛士，衣黑爲
號，故曰黑軍。」〔註31〕不久，石抹查剌率領黑軍「從木華黎攻平陽、太
原、隰、吉、嵐、關西諸郡，下之。遂攻益都，久不下，及降，眾欲屠其
城，查剌曰：『殺降不祥，且得空城，將安用之？』由是遂免。」〔註32〕石
抹查剌同其父親一樣不殺投降者，這同他們原爲金朝的臣民不無關係，此舉
與蒙古將領在戰爭中的大量屠殺行爲無疑有著鮮明的對比。

1219年，黑軍被分屯於眞定、固安、太原、平陽、隰、吉、嵐等地。
不久，蒙古大軍南征，石抹查剌率領黑軍爲先鋒，在黃河邊擊敗金將白撒、
官奴部，渡河後再戰，大敗金軍。「長驅破汴京，入自仁和門，收圖籍而還。
帝悉以諸軍俘獲賜黑軍。」〔註33〕

1233年9月木華黎之子塔思率蒙古大軍攻陷了金朝將領蒲鮮萬奴在東北
建立的割據政權東夏的南京（今吉林延吉市城子山山城），擒獲蒲鮮萬奴，東
夏亡。在這場戰爭中，石抹查剌擔任先鋒，並且首先登上南京城牆，對勝利
起到了關鍵作用。石抹也先父子先後追隨木華黎父子南征北戰，可以看出兩
個家族之間有著深厚的關係。1241年，窩闊台汗任命石抹查剌爲眞定、北京
兩路達魯花赤。1243年，石抹查剌卒於家鄉柳城，享年44歲。

四、石抹庫祿滿生平

石抹庫祿滿是查剌長子，他也頗有石抹氏的家風，擅長射獵。「關弓滿二
石，畫的於侯方寸，去百步射之，無不中，繼發必破其括。從兩騎逐兔北野
山，遇樵者奔曰：『虎才負嵎，愼勿往。』公不聽，馳而前。虎踞地大吼，從
騎失色，公戒毋動，獨按轡復行，直虎十步止，挾矢以待。虎躍而起，引馬
少避，一發中其吭以死。」〔註34〕元世祖忽必烈任命庫祿滿爲黑軍總管，並

〔註30〕〔元〕胡祗遹：《石抹氏神道碑》，載《胡祗遹集》，魏崇武、周思成校點，吉
林文史出版社，2008年，第352頁。

〔註31〕《元史》卷一五二《石抹阿辛傳》，中華書局，1976年，第3603頁。

〔註32〕《元史》卷一五〇《石抹也先傳》，中華書局，1976年，第3543頁。

〔註33〕《元史》卷一五〇《石抹也先傳》，中華書局，1976年，第3543頁。

〔註34〕〔元〕許謙：《白雲集》卷一《總管黑軍石抹公行狀》，叢書集成初編本，商
務印書館，1936年，第10頁。

且下詔書褒獎其家族：「起本將家，致身戎伍。祖野仙有展土開疆之效，父查刺著攻城略地之功。尚克前修，勉勉後效。」〔註35〕

　　1258 年，元軍進攻南宋襄陽、樊城，庫祿滿與堂弟度刺登上雲梯攻城，度刺戰死。中統三年（1263），李璮反叛，庫祿滿隨軍出征，在登上濟南城牆後，中箭而亡，時年 41 歲。庫祿滿曾說過：「惡死好生，人之情。吾不用斧鑕驅大夫士，不以身先之，誰肯捐軀以致命邪？且男子當援枹死事，書之竹帛，炳炳然後世。豈咕咕死戶牖下，效兒女子乎？我嘗聞漢伏波將軍誓以馬革裹屍，真丈夫也。」〔註36〕庫祿滿也確實以死證明了其言行的一致。庫祿滿同其祖父一樣，也娶了一位蒙古族夫人。

五、石抹繼祖生平

　　石抹繼祖是石抹庫祿滿之孫、石抹良輔之子，字伯善。其母親莊氏，應為漢族。大德七年（1303），石抹繼祖入宮，擔任元成宗的怯薛，任舍利別赤（掌果汁飲料者）。曾奉成宗之命，到各地祭拜山川。大德十一年（1307），石抹良輔致仕，石抹繼祖繼承了其沿海上萬戶府副萬戶之職。「方是時，承平日久，黑軍散落之餘，多已他屬，武宗即皇帝位，仁宗為皇太子，上命悉括黑軍以衛東宮，宗戚貴臣弗便，事遂寢。」〔註37〕可見，此時的黑軍已經不再存在了，石抹家族也失去了這一世代擁有、倚靠的武裝力量。

　　石抹繼祖起初率沿海軍鎮守台州（今浙江省台州市），皇慶元年（1312），他移鎮婺州（今浙江省金華市）、處州（今浙江省麗水市）兩州。在和平時期，石抹繼祖「馭軍嚴肅而恩意周浹」〔註38〕。他還喜歡和儒士、文人交往。石抹繼祖與其先輩不同，沒有經歷過戰爭，其最大的軍事行動也就是鎮壓過幾次很小規模的農民暴動而已。在查禁私鹽的行動中，繼祖也能夠秉公處理。繼祖幼年起即在浙江生活，以前進士史蒙卿為師。「自經、傳、子、史，下至名法、縱橫、天文、地理、術數、方技、異教外書，靡所不通。」

〔註35〕〔元〕許謙：《白雲集》卷一《總管黑軍石抹公行狀》，叢書集成初編本，商務印書館，1936 年，第 10 頁。

〔註36〕〔元〕許謙：《白雲集》卷一《總管黑軍石抹公行狀》，叢書集成初編本，商務印書館，1936 年，第 11 頁。

〔註37〕〔元〕黃溍：《沿海上副萬戶石抹公神道碑》，載《黃溍全集》，王頲校注，天津古籍出版社，2008 年，第 693 頁。

〔註38〕〔元〕黃溍：《沿海上副萬戶石抹公神道碑》，載《黃溍全集》，王頲校注，天津古籍出版社，2008 年，第 693 頁。

〔註 39〕到石抹繼祖這一代，石抹氏家族已經完成了從武將到文人的轉變。石抹繼祖也無意仕宦一途，40 歲時，就請求致仕，以其弟振祖代替自己任職。之後，他縱情於台州的山水之間，築抱膝軒爲宴遊之所，家事交給諸子，自己一無所聞，自號太平幸民。石抹繼祖卒年 67 歲，著有《抱膝吟詠》若干卷。石抹繼祖的夫人也是蒙古人，爲弘吉剌氏。

六、石抹宜孫生平

石抹宜孫字申之，是石抹繼祖的庶長子。「宜孫性警敏，嗜學問，於書務博覽，而長於詩歌。嘗借嫡弟厚孫蔭，襲父職，爲沿海上副萬戶，守處州。及弟長，即讓其職還之，退居台州。」〔註40〕

元順帝至正十一年（1351），方國珍發動起義。江浙行省命令石抹宜孫駐守溫州。福建起義軍進攻處州，宜孫受命平定，升任浙東宣慰副使，駐紮於台州。不久，處州屬縣的農民發動起義，宜孫又受命征討，並且修築處州城。至正十七年（1357），江浙行省左丞相達識鐵睦邇升任宜孫爲行樞密院判官，總管處州。同時，又任命江浙儒學副提舉劉基爲行樞密院經歷。石抹宜孫與劉基交往密切，關係融洽，兩人經常賦詩酬唱，唱和之詩達到 97 首之多。至今劉基的文集《誠意伯文集》中仍有不少此類詩。劉基還寫有一篇《浙東處州分府元帥石末公德政記》〔註 41〕讚頌他。兩人的合作，也取得了一定的戰果。「處爲郡，山谷聯絡，盜賊憑據險阻，輒竊發，不易平治。宜孫用基等謀，或搗以兵，或誘以計，未幾，皆殲殄無遺類。」〔註 42〕不久，石抹宜孫陞任同僉行樞密院事，在他鎮守處州的同時，其弟石抹厚孫鎮守處州北面的婺州。

元順帝至正十八年（1358）十二月，朱元璋兵取蘭溪（今浙江省蘭溪縣），逼近婺州，宜孫的母親住於婺州。他親自率兵解救，但是被朱元璋所敗。不久，升任浙江行省參知政事。1359 年，朱元璋攻克處州，石抹宜孫率數十人突圍至福建邊界，想要組織兵力回救處州。但是人心已散，事不可爲了。他感歎道：「處州，吾所守者也。今吾勢已窮，無所於往，不如還處州境，死

〔註 39〕〔元〕黃溍：《沿海上副萬戶石抹公神道碑》，載《黃溍全集》，王頲校注，天津古籍出版社，2008 年，第 693 頁。

〔註 40〕《元史》卷一八八《石抹宜孫傳》，中華書局，1976 年，第 4309 頁。

〔註 41〕（明）劉基：《誠意伯文集》卷六，萬有文庫本，商務印書館，1936 年，第 158～159 頁。

〔註 42〕《元史》卷一八八《石抹宜孫傳》，中華書局，1976 年，第 4310 頁。

亦爲處州鬼耳！」〔註43〕在還至慶元縣（今浙江省慶元縣）時，被亂兵所殺。「事聞，朝廷贈推誠宣力效節功臣、集賢大學士、榮祿大夫、上柱國，追封越國公，諡忠愍。」〔註44〕

第二節　元代另外一個奚人家族——石抹扎剌兒家族

在金末元初，還有另外一個奚族石抹氏家族，這就是曾任汝州（今河南省汝州市）知州的石抹謙甫。「石抹公契丹迪剌糺人也。高曾祖不記名字，扎剌兒亡今（原文如此，疑應爲金——筆者注）時統領軍兵屯駐河州。自甲戌年率眾糺軍歸順大（原文如此，疑應爲太——筆者注）祖皇帝，充右監軍。乙亥年，充左監軍。月以勞效加光祿大夫、左宣徽使。丁丑年，充行省都元帥。己丑年，換受哈罕皇帝宣命金虎符，充管把興州、北京、懿州、臨潢府、平、灤州、燕京順天府等路管軍萬戶，庚寅年，病卒。」〔註45〕所謂契丹迪剌糺人，就是遼代的奚迭剌部人，這和石抹也先家族的出身是一樣的。扎剌兒是石抹謙甫的父親，有學者認爲這個扎剌兒才是窩闊台汗己丑年設置的漢軍三萬戶之一的蕭扎剌，而不是原來學者所認爲的前文所述的石抹也先之子石抹查剌。〔註46〕

扎剌兒至少有三個夫人，其中第三位尤甲氏是女眞人，她就是石抹謙甫的母親。在扎剌兒去世後，尤甲氏削髮爲尼，在家修行。石抹謙甫是扎剌兒六子中最小的，「方其幼也，穎悟不群。及其壯也，能自樹立，折節讀書，摳衣於愼獨先生。與同舍遊，無斯酒貴公子氣。學問日進，大爲先生稱賞。至於木庵老宿以詩答，交相推薦。」〔註47〕其幼年雖然非常聰明，但是眞正用功讀書應該是在成年，師從於愼獨先生。愼獨先生是元初名臣王鶚的別號，王鶚在元世祖時任翰林學士承旨，參與編修宋、遼、金三史，能夠得到他的讚賞，石抹謙甫無疑具有較高的文化修養。與石抹謙甫詩歌相答的木庵，則

〔註43〕《元史》卷一八八《石抹宜孫傳》，中華書局，1976年，第4311頁。
〔註44〕《元史》卷一八八《石抹宜孫傳》，中華書局，1976年，第4311頁。
〔註45〕《嘉靖魯山縣志》卷九《石抹公墓誌銘》，天一閣藏明代方志選刊本，上海古籍書店，1981年，第44～48頁。
〔註46〕胡小鵬：《窩闊台汗己丑年漢軍萬戶蕭扎剌考辨——兼論金元之際的漢地七萬戶》，《西北師大學報》（社會科學版）2001年第6期。
〔註47〕《嘉靖魯山縣志》卷九《石抹公墓誌銘》，天一閣藏明代方志選刊本，上海古籍書店，1981年，第44～48頁。

是金末元初著名的詩僧性英。﹝註 48﹞性英，字粹中，號木庵。與性英相交遊的有元好問、楊弘道、段成己、耶律楚材耶律鑄父子、劉秉忠、王鶚、魏璠等人，都是當時著名的文士，由此可見石抹謙甫的漢化程度相當高，其本身的奚人色彩已經十分淡化了。

石抹謙甫的夫人也是石抹氏，是管軍萬戶脫察剌的女兒。元世祖中統二年（1261），石抹謙甫走入仕途，任兵部員外郎。三年（1262），因其侄孫石抹紹祖襲爵萬戶，尚年幼，石抹謙甫被命令在石抹紹祖身邊管教他。至元二年（1265），石抹謙甫任軍都路（疑爲大都路之誤）同知諸軍奧魯總管。四年（1266），任衛輝路諸軍奧魯總管。九年（1272），任汝州知州。汝州正當元軍攻打南宋襄樊的要衝，軍需供給繁雜，石抹謙甫能夠妥善處置。在政務上，「州經二次起簽民兵，躬親循問，貧富均平，人無怨言。編立排甲，教戒行伍，發號施令，一如對敵。當時齊整，甲於他州。勸刻遊惰知儆，摧抑豪猾知避。凶年則於鄰境借貸，民無饑餒。規措驛遞，撫慰屯軍。教史讀書，俾知道義。免災稅，儲義糧。凡厥不便於民者，小惡必去；便於民者，小善必爲。不及三年，號曰政成。」﹝註 49﹞至元十二年（1275）四月，石抹謙甫病卒，享年 46 歲。無子，只有一女引璋。

石抹扎剌兒家族世系表

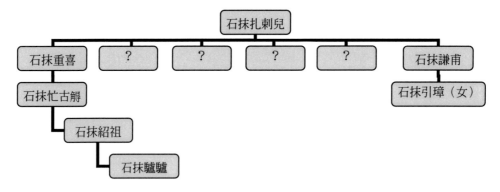

﹝註48﹞ 參見：劉曉：《金元之際詩僧性英事跡考略》，《中國社會科學院歷史研究所學刊》（第三集），商務印書館，2004 年；馬明達：《百年耆舊 一代宗師——金末元初的少林寺長老性英粹中》，《少林寺》2004 年春季號；王樹林：《金末詩僧性英考論》，《南通大學學報》（社會科學版） 2010 年第 5 期。
﹝註49﹞ 《嘉靖魯山縣志》卷九《石抹公墓誌銘》，天一閣藏明代方志選刊本，上海古籍書店，1981 年，第 44～48 頁。

第九章　奚車與奚琴——奚族文化之點滴

一、奚　車

北方草原民族有著使用車輛的傳統，魏晉南北朝時期漠北的一部分游牧部落被稱為高車（又稱丁零、敕勒），其原因就是因為他們使用的車輛「車輪高大，輻數至多」。〔註1〕後來還有室韋的一部分黑車子室韋也因為善於製造車帳而得名。「又北，黑車子，善作車帳，其人知孝義，地貧無所產。云契丹之先，常役回紇，後背之，走黑車子，始學作車帳。」〔註2〕奚族生活在這些民族之間也不例外，很早就開始製造使用車帳。唐代，奚族「居有氈帳，兼用車為營」。〔註3〕在唐朝對奚族的戰爭中，奚車也是重要的戰利品。在李商隱所撰的《為滎陽公賀幽州破奚寇表》中記載，幽州節度使張仲武在對奚北部落及諸山奚的戰爭中，一次俘獲「奚車五百乘，羊一萬口，牛一千五百頭」。〔註4〕

由於奚族與契丹的親緣關係，奚車廣泛被契丹人所使用，奚人中也有專門製造車帳者。遼太宗會同八年（945），遼軍與後晉杜重威戰於陽城、衛村。「德光坐奚車中，呼其眾曰：『晉軍盡在此矣，可生擒之，然後平定天下。』

〔註1〕　《魏書》卷一〇三《高車傳》，中華書局，1974年，第2308頁。
〔註2〕　《新五代史》卷七三《四夷附錄二》，中華書局，1974年，第907頁。
〔註3〕　《舊唐書》卷一九九下《北狄傳·奚》，中華書局，1975年，第5354頁。
〔註4〕　《全唐文》卷七七二，中華書局，1983年，第8043頁。

會天大風，晉軍奮死擊之，契丹大敗。德光喪車，騎一白橐駝而走。」〔註5〕會同九年（946，後晉開運三年），遼太宗在進軍途中，給後晉太后送了一封書信，極盡輕蔑之能事。信中說：「吾有梳頭妮子竊一藥囊以奔於晉，今皆在否？吾戰陽城時，亡奚車一乘，在否？」〔註6〕後晉滅亡，遼太宗進入汴京，在廣政殿舉行朝會，「百官常參，起居如晉儀，而氈裘左衽，胡馬奚車，羅列階陛，晉人俯首，不敢仰視。」〔註7〕後晉安太妃在隨晉出帝北遷的過程中病故，「砂磧中無草木，乃毀奚車而焚之。」〔註8〕

　　宋朝出使遼朝的使者多爲文人學士，他們筆下留下了豐富的關於契丹以及奚族的記載，沈括在宋神宗熙寧八年（1075，遼道宗大康元年）使遼，他對奚車有詳細的描繪。「契丹之車，皆資於奚。車工所聚，曰打造館。其緡車之制如中國，後廣前殺而無般，材儉易敗，不能任重而利於行山。長轂廣輪，輪之牙其厚不能四寸，而軫之材不能五寸。其乘車，駕之以駝，上施幰，惟富者加氈幰文繡之飾。」〔註9〕蘇頌曾於熙寧元年（1068，遼道宗咸雍四年）、熙寧十年（1078，遼道宗大康三年）兩次出使遼朝，都作有使遼詩，多首詩中都記載了奚車。《和仲巽奚山部落》寫到「居人處處營耕牧，盡室窮車往復還。」〔註10〕窮車也就是奚車。《奚山路》一詩中有「青氈通幰貴人車」之句，原詩小注曰：「貴族之家，車屋通以青氈覆之。」在後一次出使途中，蘇頌在鹿兒館休息，「見契丹車帳，全家宿泊坡阪。」因此有感而發，賦詩《契丹帳》：「行營到處即爲家，一卓穹廬數乘車。千里山川無土著，四時畋獵是生涯。酪漿膻肉誇希品，貂錦羊裘擅物華。種類益繁人自足，天教安逸在幽遐。」〔註11〕詩中對契丹人以車帳爲家，四處遷徙的生活方式不無歆慕之情，其車帳也就是奚車。吳奎詩云：「奚車一牛駕，朝馬兩人騎。」〔註12〕劉敞《鐵漿館》寫到：「奚車夕戴星」。〔註13〕原詩注曰：「奚人以車

〔註5〕《新五代史》卷七二《四夷附錄一》，中華書局，1974年，第895頁。
〔註6〕《新五代史》卷一七《晉家人傳第五·高祖皇后李氏傳》，中華書局，1974年，第176頁。
〔註7〕《新五代史》卷七二《四夷附錄一》，中華書局，1974年，第897頁。
〔註8〕《新五代史》卷一七《晉家人傳第五·安太妃傳》，中華書局，1974年，第180頁。
〔註9〕〔宋〕沈括：《熙寧使虜圖抄》，載賈敬顏：《五代宋金元人邊疆行記十三種疏證稿》，中華書局，2004年，第131～132頁。
〔註10〕〔宋〕蘇頌：《蘇魏公文集》卷一三，中華書局，1988年。
〔註11〕〔宋〕蘇頌：《蘇魏公文集》卷一三，中華書局，1988年。
〔註12〕〔宋〕阮閱：《增修詩話總龜卷》一八。

帳爲生，晝夜移徙。」

　　遼朝滅亡之後，在南宋詩人的詩中，奚車仍舊是北方意境的一個重要代表物。未曾出使過金朝的陸游的筆下以《塞上曲》爲題的詩有多首，其一曰：「青氈紅錦雙奚車，上有胡姬抱琵琶。」〔註14〕又一首曰：「車載氈廬駝載酒，漁陽城裏作重陽。」〔註15〕

遼上京博物館內複製的奚車

　　奚車在出土的遼墓壁畫中也有體現，如內蒙古庫倫旗 1 號遼墓墓道南壁繪有出行圖，上有奚車。「車上六根黃色柱子支架著廡殿式車棚。車棚之前另以斜杆支涼棚，前高后底。車棚後以小杆架副棚，形如殿廊。車轅用三隻腳的支架架起，上搭紅色鑲邊彩緞一幅。轅端雕螭頭，車棚掛流蘇。」〔註16〕遼寧省阜新市關山遼墓 3 號墓墓道北壁繪有出行圖。「車轅架於一紅色三角支架上，轅頭朝向墓室，平穩停置。大車位雙直轅高輪，前轅上有斜支的涼棚。雙輪漆成紅色，顏色醒目，形體高達，畫面上車輪直徑達 2 米。車輞分成六等份，車輻外粗裏細，均勻分佈，每個車輪約有輻條 30 根，車轂爲黑色，突顯於外。車廂位於車體中後部，立柱爲黃色，車頂脫落不存。前轅外側飾兩枚銅環，車轅首尾均套螭首裝飾。」〔註17〕關山遼墓 4 號墓墓道北壁中的奚

〔註13〕〔宋〕劉敞：《公是集》卷二二。
〔註14〕〔宋〕陸游：《劍南詩稿》卷一九，載《陸游集》，中華書局，1976 年，第 558 頁。
〔註15〕〔宋〕陸游：《劍南詩稿》卷二〇，載《陸游集》，中華書局，1976 年，第 590 頁。
〔註16〕王健群、陳相偉：《庫倫遼代壁畫墓》，文物出版社，1989 年，第 28 頁。
〔註17〕遼寧省文物考古研究所編著：《關山遼墓》，文物出版社，2011 年，第 20～

車「架轅駝為一匹黃色雙峰駝，高大健壯，駝首套轡頭，脖上架車軛，昂首而行。駝車為雙直轅高輪大車，車廂為氈棚式，體呈弧形，車轅前部立兩根立杆和兩斜杆支撐一涼棚，棚頂後部用繩繫於車尾。車廂前面開門，門簾卷起，內掛帷帳。」〔註18〕

內蒙古庫倫旗 M1 墓道南壁壁畫（摹本）中的奚車

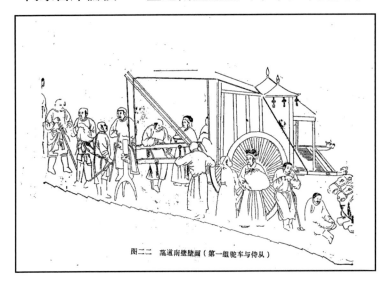

图二二　墓道南壁壁画（第一组驼车与侍从）

遼寧阜新關山 M3 墓道北壁壁畫（摹本）中的奚車

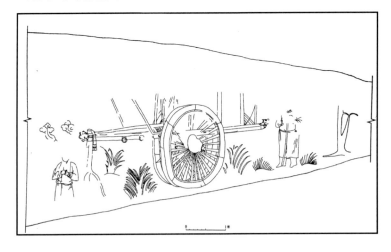

21 頁。
〔註18〕遼寧省文物考古研究所：《關山遼墓》，文物出版社，2011 年，第 27 頁。

遼寧阜新關山 M4 墓道北壁壁畫（摹本）中的奚車

　　綜合文獻與考古資料，我們可以歸納出奚車的幾個特點：高輪；雙直轅；有氈棚、涼棚；車輪輻條眾多；駕乘大多用駱駝也有用牛的。奚車的氈棚有穹廬狀，這與高輪無疑都具有北方草原游牧民族的特色，但又有廡殿頂式樣的氈棚、螭首裝飾的車轅以及一些奚車豪華的絲綢裝飾，這些無疑又是吸收了中原的文化因素。因此至遲到遼代，奚車已經充分反映了草原與農耕民族的經濟、文化交流。

二、奚　琴

　　奚琴是奚族所創製並流傳至今的一項寶貴文化遺產，又稱稽琴、奚胡、鄉胡，其起始時間不詳，但至遲在宋代，已經見諸於文獻記載。陳暘《樂書》曰：「奚琴，本胡樂也。出於弦鼗而形亦類焉，奚部所好之樂也。蓋其制兩弦間以竹片軋之，至今民間用焉，非用夏變夷之意也。」〔註 19〕在宋人的詩中也對奚琴有精彩的描繪。劉敞詩云：「奚人作琴便馬上，弦以雙繭絕清壯。高堂一聽風雪寒，座客低回為淒滄。深入洞簫抗如歌，眾音疑是此最多。可憐繁手無斷續，誰道絲聲不如竹。」歐陽修《試院聞奚琴作》描寫道：

> 奚琴本出奚人樂，奚虜彈之雙淚落。抱琴置酒試一彈，曲罷依
> 然不能作。黃河之水向東流，鳬飛鴈下白雲秋。岸上行人舟上客，
> 朝來暮去無今昔。哀弦一奏池上風，忽聞如在河舟中。弦聲千古聽
> 不改，可憐纖手今何在。誰知著意弄新音，斷我樽前今日心。當時

〔註19〕〔宋〕陳暘：《樂書》卷一二八，文淵閣四庫全書本。

應有曾聞者，若使重聽須淚下。〔註20〕

從古到今的奚琴

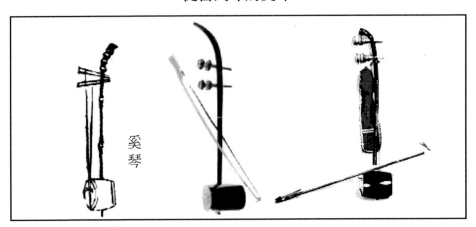

奚琴

現代的奚琴一般全長 60 釐米左右。琴筒用木或竹製成，有半圓球形和長筒形兩種，前口蒙桐木薄板。琴杆木製，琴頭呈彎月狀，兩軸位於琴杆上部右側，與琴筒平行，張兩條絲絃或鋼絲絃。古代文獻中關於奚琴的記載很少，因此對於古代的奚琴是彈撥樂器還是拉絃樂器目前音樂學界還有爭議。〔註21〕

〔註20〕《歐陽修全集》卷四五《居士外集卷四》，中華書局，2001 年。
〔註21〕參見林莎：《關於奚琴的三則史料討論》，《中國音樂學》2003 年第 3 期。

附錄一　奚族大事年表 [註1]

北魏登國三年（388）五月，道武帝拓跋珪北征庫莫奚。六月，大破之，獲其四部雜畜十餘萬。

北魏興安二年（452）十二月，庫莫奚遣使朝貢。

北齊天保元年（550）十二月，庫莫奚使朝貢。

天保三年（552）正月，北齊文宣帝高洋親自出征庫莫奚於代郡，大破之，獲雜畜十餘萬，分賫將士各有差。以奚口付山東為民。

北齊皇建元年（560）十二月，孝昭帝高演再次征討庫莫奚。

隋文帝開皇十三年（593）正月，奚族朝貢。

唐高祖武德五年（622），廢饒樂都督府，設置崇州、鮮州、順化州三個奚族羈縻州。

武德六年（623）五月，高開道借助奚人進犯幽州，被長史王說擊敗。

唐太宗貞觀三年（629），奚族開始向唐朝朝貢。

貞觀十八年（644），奚族首領蘇支隨同唐軍出征高麗，立下戰功。

貞觀二十二年（648）十一月，奚族首領可度者率部內附，可度者被任命為使持節六州諸軍事、饒樂都督，封樓煩縣公，賜姓李氏。唐朝設置饒樂都督府管轄奚族，奚族的五個部設置了五個羈縻州，其中阿會部為弱水州，處和部為祁黎州，奧失部為洛瑰州，度稽部為太魯州，元俟折部為渴野州，各部的首領辱紇主被任命為刺史，隸屬於饒樂都督府。

唐高宗顯慶六年（661），唐軍擒殺反叛的奚族首領匹帝。

武則天萬歲通天元年（696），契丹李盡忠、孫萬榮反唐，奚族同反。

〔註1〕此表中的月日都未換算成公曆。

唐睿宗延和元年（712），奚族首領李大酺在冷陘之役中大敗唐軍孫佺、李楷洛、周以悌部，唐軍死傷數萬。

唐玄宗開元四年（716）八月，奚族首領李大酺降唐，被封爲饒樂郡王、左金吾衛大將軍、饒樂都督。

開元八年（720），契丹可突于殺李大酺，其弟李魯蘇繼位。

開元十年（722），李魯蘇繼任饒樂郡王、右金吾員外大將軍兼保塞軍經略大使，仍以固安公主爲妻，後妻以東光公主。

開元十四年（726），李魯蘇被改封爲奉誠王，授右羽林軍員外將軍。

開元二十三年（735），饒樂都督府更名爲奉誠都督府。

天寶初年（742年左右），奉誠都督府恢復原名饒樂都督府。

903年，耶律阿保機設置了奚迭刺部。

906年2月，耶律阿保機擊破山北奚。十一月，派軍攻破奚族諸部。

910年10月，烏馬山奚庫支及查刺底、鋤勃德等反叛，耶律阿保機討平之。

911年，耶律阿保機平定西部奚、東部奚。

遼天贊二年（923）三月，耶律阿保機於箭笴山討伐奚胡損，平定之。設置奚墮瑰部，以勃魯恩權總其事。勃魯恩是遼代第一位奚王。

遼聖宗統和二十年（1002）十二月，奚王府五帳六節度獻七金山土河川地，遼朝在此地建中京。

遼天祚帝保大二年（1122）十二月，蕭幹在箭笴山建立大奚國，自號神聖皇帝，改元天復，設奚、漢、渤海三樞密院，改東、西節度使爲二王，分司建官。

保大三年（1123）八月，蕭幹兵敗被殺。

金太祖天輔六年（1122）正月，遼中京被金軍攻陷，奚王蕭霞末戰敗。

二月，蕭霞末降金。

天輔七年（1123）五月，完顏撻懶討平了佔據十三岩的奚族各部。

金太宗天會二年（1124）十月，昭古牙率眾投降，興中府也投降。奚族對金軍的大規模抵抗宣告結束。

海陵王正隆六年（1161）十二月，契丹人移刺窩斡稱帝，建元天正，奚族廣泛地參加了移刺窩斡的起義。

附錄二　奚族碑刻

1、大唐故奚質子右威衛將軍熱瓌墓誌銘

　　大唐故奚質子、右威衛將軍、員外置宿衛、右羽林軍上下，熱瓌と原夫軒丘有子，朔垂分王，代雄遼碣，厥胤繁昌。候月開弦，空聞故事，占風入欤，已契前修，故能欽我皇明，歸誠紫闕。遽參衣纓之列，早漸華質之風，沐浴聖恩，亦已舊矣，金日磾之內侍，方藉寵私；呼韓邪之遠歸，如何淪謝；嗚呼哀哉，以開元十八年七月五日遘疾終於醴泉里第，享年廿六，即以其年七月廿日遷窆於昆明原，禮也。蟻幕象車，咽簫笳而不進；牛岡馬鬣，思松楸而已行。永眷芳猷，理存刊勒。詞臣銜命，乃作銘云：軒後之胤，稱雄塞壖，巍巍碣石，森森遼川，藉彼靈秀，誕茲忠賢，棄矛甲於天外，為爪牙於關前，始披誠于丹棘，俄促壽於黃泉，故國悠爾，新墳歸然，想音容於拱木，刻貞石於荒埏。

　　墓誌拓片見西安市文物保護考古研究院：《西安市唐故奚質子熱瓌墓》，《考古》2014 年第 10 期。墓誌錄文刊於葛承雍：《西安唐代奚族質子熱瓌墓誌解讀》，《考古》2014 年第 10 期。對其標點有所改動。

熱瓌墓誌誌蓋

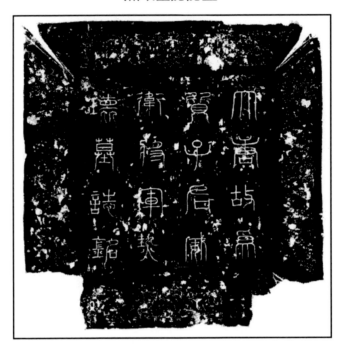

熱瓌墓誌誌文

2、大唐清河郡王紀功載頌之碑

王　祐

祐，永泰中官支度判官朝散大夫，行監察御史。

成德軍節度使開府儀同三司檢校尙書右僕射兼御史大夫恒州刺史充管內度支營田使清河郡王李公紀功載政頌並序。

惟天正明命，聖人保成；允寧萬邦，克易我沴。嗚呼！君非臣無以化化，臣非君無以贊贊。明明君臣，品（闕三字），陰陽載（闕一字），草木咸（闕一字），兆人康（闕一字）。壬寅歲，寶應皇帝嗣位，敬統舊服，惠周於下，下罔不格。冬十一月，我亞相公忠志率東諸侯（闕一字）出覆命，元元以貞，集太和也。先是，祿山構亂，朋毒中夏（闕一字），政恤刑覆忠良，殖奸宄，蒸人側側不貳率乃戮，公越在東土，受制宇下，爲侯於恒，克袞復寧，遏在王室，誕宣我化。靡（闕一字）爾凶，敷聞帝庭，奉若元命，帝曰休才，正侯良才，授恒州刺史，封密雲郡公，表獻臣也。越二年，思明肆虐，群侮王度，擅煞無人。薄三川，威五長，搢紳管管不自卽乃工，公執在屬階，登若股上，罔咈祗命，命我亞（闕三字）我（闕二字）恤遺（闕一字）人心（闕三字）德式（闕）庶欲歸於本朝，朝廷嘉茂功，錫丕命，授禮部尙書兼御史大夫、成德軍節度使、清河郡王，賜姓李，改名寶臣。詔曰：懿審奉天威，保父邦本，是用司國樞。威憚奸回，政革風俗，是用緫朝憲。率寧全趙，開復東土，是用苴白茅。昭崇武功，允正師長，是用授（闕四字）維城宗我姓（闕四字）本爾名銘之景鐘，以憲於後。公固讓不獲，祗奉天之明命。惟祖惟父，佐世有勛，享祿無及，公大其門。公天委全德，（闕二字）有邦忠孝剛義。明直（闕一字）亮家用自我，位敘宜才。初公牧恒元年僞也，僞師剋恒，恒不堪命。群盜眾聚於野，（闕六字）罔極。公張官具政，明武殄暴。暴服如（闕一字）人諟不虞。廬廬旅旅，以晏以處。士馴業，農力穡，工就務，商通貨。四者各正，爾下日用。乃以（闕二字）二年春，群吏更告公曰：滹沱會流，暨於城下，天雨淫降，鴻湧泄岸。波積如阜，奔貫乃雄，胥恐爲魚，其日固久。公以聚人慾經（闕二字），啓導流，（闕二字）天造層城巇巇，居人坦坦，庶（闕一字）德合於無疆。冬十月，公告成於先帝，洎慶緒嗣凶，自洛奔鄴，修好於公。公不（闕四字），折（闕二字），得請命焉。惟三年二月，上以思明作藩於薊，臨長於恒。夏四月，思明篤敘不供，賊鎮威眾。俾

公如蓟，將賊公也。公執忠起（闕二字）加害。殆六月，恒（闕二字）復公（闕二字）惟四年夏大旱，滌滌甫田，百穀如焚。人曰祈土龍，公曰非旱備。乃貶躬之食，勤人之（闕二字）神（闕一字）寅（闕一字）朝而雨（闕八字）大（闕一字），恒有年也。惟（闕三字）秋（闕一字）兩旬有五日，匪害稼不書，冬十一月，思明外公，以其黨辛萬寶、張軍闕二字）伺間焉。惟（闕二字）一月，（闕四字）臨公自下流毒畿（闕三字）延（於平人人用齋咨涕洟，籲公如天。公曰：不戩乃暴，負乃人。夏四月，戮萬寶於（闕一字）門，敦行王法，保和（闕一字）極。（闕三字），朝義（闕一字）逆宗公主五州之侯，或曰厚賦人，公蠲人蒿焉。封政不賦，乃聳善抑惡，發滯糾伕，蒇惠昭利，六教既（闕一字），孳等心。於是文訪於易，易獎之；文訪於定，定宗之；文訪於深，深修之；文訪於趙，趙齊之。克諧五州，允奉如一。虜不我制，公用哆然。惟八年（闕二字）月，公大開山東，受命王也。初朝義播亡，係命於公，自公歸朝，是翦厥翼。翌日，公會王師於趙郊，恭行伐（闕一字）獨夫惴惴，天用勦焉。時戎羯飲化，爰方啓行。夫戎性沓貪蔑煞，俘軼殫寶，虔劉暴骨，厚厲於懷人。南自相魏邢貝，東至滄德瀛鄭，匹夫匹婦，蕩在草莽。越踐公境，宣服公威，惕惕瞿瞿，攝進成序。若公在首，五州之人無荒寧，風行於冀，冀億之境願附公。昭請於上，上集下望，申命用良，冀人熙熙，嗜化永休。惟九年冬，帝念宗臣，特拜右僕射。端武主戎，總經外政，欽酌彝典，敬揚天心。繄公德載於人，人以蕃殖，翼贊三主，鋪敦四凶。聖咨乃賢，神被乃祿，其惟有終旨才，恒中耆老賈審祥等師錫言曰：姦臣反常，迭起東土，人用墢瓛，殆無指告。惟公牧恒，天眷爾下。爾有君臣公正，爾有父子公保，爾有災厲公奠，爾有稼穡公成。微公疇依，恒大坏也。虞曰：昭茂德，崇豐碑。阜成於文，庶永於世。克建樂石，勛揚頌聲。頌曰：

> 惟君配天，惟臣配君。蟜蟜我公，爲君武臣。翼贊皇家，奄有世勛。大盜囂囂，荒我東鄙。孔塡不夷，元元靡恃。恒人保公，乃有父子。我沴載懲，我年載登。我用有孚，爾無不承。貞石峩峩，永以垂頌，惟公之德不崩。

大唐清河郡王紀功載頌之碑外景

大唐清河郡王紀功載頌之碑說明牌（在河北省正定縣）

大唐清河郡王紀功載頌之碑碑額拓片

大唐清河郡王紀功載頌之碑碑局部

據《全唐文》卷 440（第 4483～4485 頁）錄文。大唐清河郡王紀功載頌之碑。此碑俗稱李寶臣紀功碑，現存於河北省正定縣城內燕趙大街西側。此碑刻於唐代宗永泰二年（766），王祐撰文，王士則書並篆額。碑坐北朝南，通高 7 米餘，其中碑額高 2.31 米，半圓形，刻有六龍環繞。碑身高 4.81 米，正面陰刻大字行楷書 20 行，滿行 55 字，共計 1398 字，已經殘泐 391 字，尚存 1007 字。碑陰文字分爲上、中、下三列，多爲立碑人的姓名、職官等，大多已剝落難以辨認。〔註1〕此碑《金石萃編》、《常山貞石志》、《八瓊室金石補正》等都有著錄，另外《全唐文》卷 440 也有錄文。李寶臣，字爲輔，《舊唐書》卷 242、《新唐書》卷 211 都有傳。他是「范陽城旁奚族也」〔註2〕。

附：李寶臣紀功碑歌

于式枚

恒陽古郡行署旁，一碑屹立支風霜。紀年建中記永泰，文詞漸泐猶能詳。云我亞相秉王命，世有勳祿兼忠剛。鋪敦四凶翊三主，瞿惕威惠懷瀛滄。千二百言自贍密，謏詞曲筆難具量。漁陽喪亂起安史，夾河州郡沈戎羌。旄頭墮地胡焰盡，餘星四散還披猖。陽和鷹眼偶一化，神狐得夜爲妖祥。淄青魏博洎幽冀，各擁旄蓋憑岩疆。成德一軍最悍突，明光十萬羅成行。控弦飲馬正南下，百縑一擲催歸裝。射堂竟鹹朱司徒，此功信可銘旂常。同功石讖恨不應，幽燕二帝遙相望。歸來據險阻兵甲，蟠屈薛李連田梁。輔車勢成窟宅定，謂可高臥常山岡。豈知凶德不再世，貙罷生不如封狼。徒資部曲取旌節，同開大鎮康王張。蛟龍匣毀奸骨朽，巍然片石經滄桑。獨留一事證史闕，題銜特誌清河王。摩挲苔碣百感集，蹉跎國步哀中唐。代德以還那可道，風塵潰洞昏東方。威弧不弦斧鉞鈍，徒恃文物靡豪強。凌煙圖畫紫薇夯，一一狃視爭騰驤。更勒豐碑紀勳績，追逐方召參翱翔。峨峨西平與義陽，庶幾無愧桓文裏。華州曾頌李全諒，成都復紀韋南康。此外文字僅羅列，何嘗中國紛蜩螗。八紘一裂不可止，顛倒功罪由文章。陸蕭正色拒趙魏，幾人嶽峙中書堂。鄺公之銘出吏部，無乃少損日月光。矧茲幕府頌功德，豈容著手爲低昂。

〔註1〕參見郭玲娣、樊瑞平、杜平：《唐李寶臣紀功碑考述》，《文物春秋》2005 年第 5 期。

〔註2〕《舊唐書》卷二四二《李寶臣傳》，中華書局，1975 年，第 3865 頁。

百年運會一分合，燕將語在非微茫。章武昭肅恢大綱，手持魁柄臨八荒。蔡齊並潞齒神劍，河朔獅子眠如羊。《淮西碑》付段文昌，《盧龍銘》敕李贊皇。英衛之勳燕許筆，兩朝將相何堂堂。文石無言任雕刻，誰留穢惡傳芬芳。從來上策在自治，罪言盍憶司勳郎。

錄自（民國）徐世昌編選：《晚晴簃詩彙》卷一七二

3、唐歸義王李府君夫人清河張氏墓誌銘

　　唐故特進、行左武衛大將軍、歸義都督府都督、上柱國、歸義王、贈開府儀同三司李府君夫人、故貝國太夫人清河張氏墓誌銘並序。

　　朝請郎、行深州錄事參軍薛暈撰。

　　有唐大曆十季，歲在單閼三月甲午朔七日庚子，貝國太夫人清河張氏薨，享季九十。夫人列受氏姓，遐哉邈乎。仲則孝友佐周，良乃籌帷仕漢，晉稱博物，趙曰右侯。龜虎聯華，貂蟬弈葉，鹽梅柱礎，何代無之。曾祖主句，皇部落刺史；祖南莫干，皇部落刺史；考阿穆落盆，皇部落刺史。北方貴族，世祿承家。夫人挺淳懿之姿，體柔明之德，跡邁高行，名齊大家。孝敬以事舅姑，謙損以和娣姒。其理家也儉，其事夫也柔，其屬己也恭，其撿身也直。儉故能廣，柔而心剛，恭以率下，直以全節。克勤內則，允正外姻。惟精惟微，不忌不克。府君以開元廿四季十二月二日即世，子第幼稚在於孩提，夫人勗以義方，子亦克紹前烈。寶應二季七月一日，皇上以元子功高衛霍，德冠桓文，乃下詔曰：「張氏禮備三從，行全四德。嘗有宜家之道，贊成歸國之謀。夫子建功，已受金章之寵，婦姑表德，俾開石竆之榮，可封貝國太夫人。」恩由子貴，名以德升。無慙象服之華，豈忝魚軒之寵。昊天降戾，曾不愁遺。良玉砰於空山，星娑沉於廣漢。代喪邦媛，宗傾母儀，昔仲由恨祿不及親，霜露增感。今夫人享元子二千石之祿，十有三季，可謂貴矣。未盡採蘭之養，俄嗟茶蓼之哀。元子開府儀同三司、行深州刺史兼御史中丞、同成德軍節度副使、上柱國、歸義王獻誠，季子特進、右武衛大將軍試鴻臚卿獻直。崆峒間氣斗極茂，靈芚芚靡依。柴毀過禮。粵以其季四月廿九日，奉遷玄寢祔于府君，從周制也。嗚呼，素靈移於大陸，丹旐指於良鄉。渡易水而風悲，望佳城而霧失。往也如慕，魂也何之。爰勒豐瑂，式昭嘉德。暈恭命染翰，無慙直詞，銘曰：高門誕慶，降生夫人。令儀不忒，淵慎惟新。藹藹元子，光

光蓋臣。惟家之寶，惟國之珎。虎符作牧，石竇榮親。秀木必摧，芳蘭易折。奄忽逝水，蒼茫苦月。已焉哉，已焉哉。棄華屋而歸夜臺，泉扃閟而無晝，楚祝招而不來。

據王策：《〈唐歸義王李府君夫人清河張氏墓誌〉考》，《北京文物與考古》第 6 輯（民族出版社，2004 年）所刊錄文收錄，並參照墓誌拓片照片對錄文進行了校正，對標點符號進行了更正。

唐歸義王李府君夫人清河張氏墓誌。墓誌一合，1993 年出土於北京市房山區醫院，現藏北京市文物研究所。墓誌誌蓋覆斗形，中間陰文篆書「唐故歸義王李府君夫人故貝國太夫人清河張氏墓誌銘」。誌石邊長 72 釐米，厚 14 釐米。誌文行楷書 26 行。

唐歸義王李府君夫人清河張氏墓誌銘拓片

4、李公墓誌

　　□□□□□□□□□□□□□李公□□□□□□□□□□□□□□□□宗之源文□□□□□□祖暉，隋開府儀同三司、將作監、□□□□□□□□上柱國、平盧行軍司馬。列考崇信，攝京兆府三原縣令，左武衛中郎將。□□□□□□□（忠）義公幹，爲時所推，威儀有春草之茲，節操有寒松之勁。初以裨將北伐，□□□□□□（王）及單于戰武州之北。時兵盡器竭，公冒危突陣，躬救薛王。石敷之役，公從李王，以寡擊眾。賊勢甚盛，公奮猇叱咤，手斃數胡，凶醜駭散。於時蜂蠆毒甚，關山屯戍，邐迤屠潰，至百井之崗，我將喪元，賊徒乘勝俘略朔漠。公赫斯怒，因謀其帥。李王按劍，欣公此謀。遂設奇伏於崞縣城下，達幹者，單于良將之號，扞猛驍揵者居之，領數士騎搖旌而過。李王與公挾而攻之，左右交刃，濕地煙起。達幹婼首，實挫頑凶。誠由李校之驍雄，抑亦裨僚之翼佐。況見賞通人，臨事果敢。每從戎旅，出則前驅，入則後殿。魚麗始合，鵝羽將衝，翳公是賴，復恭而剛直，勇而溫良，是以在軍旅而士卒慕之，處鄉黨而少長賓之。公隴上強家，轅門飛將。自幼及長，逢國多難，武略從軍，凡三破強胡，八陷堅壘。水谷襲回紇敗之，義破僕固懷恩於水欲之汭。隨元戎馬司徒，伐魏州平之，討河中克之。再解蔚州圍，斬達幹。免薛王卅餘年輸誠奉國苦。經陣敵，薦致殊勳。官至驃騎將軍、殿中監。進而知退，乃罷（擺）甲懸車以告老。有子三人以致養，各有令孫數人。誠亦福壽之極，喟然有終焉之志。遂自營城西七里之原以置墳壟。嗚呼哀哉，自古有死，足以見公之達道，唯君子焉。享年八十有二，以元和六年六月五日寢疾卒於大同軍奉節之私第。夫人安氏，陰儀克崇，四教網試，與公偕老。長子曰少沂，逸性不仕。中子曰興朝，中武將軍，試殿中監。少子曰興晟，左執戟員外，置同正。喪過乎哀，毀隣滅性。以其年歲次辛卯十月壬戌朔十二日癸酉，將遷神座處於舊塋，禮也。嗚呼，搧祔以藉之封鬒，樹之墓石銘之，詞曰：卓彼汧隴，崆峒氣偏。是生良將，以固窮邊。岐嶷李公，轅門所珍。修身茂德，義勇絕倫。獥貐憑凌，邊庭暮驚。搴旗北伐，斬將南征。鯨鯤京觀，欃槍不升。趙厲來攻，針藥莫通。其孤斬然，茹毒充躬。已而已而，煽祔藉之。絕塞之原，大漠之涯。隧路長暗，松風自悲。將軍既沒，長劍付誰？茫茫孤墳，慟哭妻兒。終奠掩坎，哭於斯，訣於斯。

　　錄自殷憲：《大同新出唐誌釋讀（十三）》，《大同日報》2011 年 12 月 25日第 4 版《雲岡副刊》。

5、李公夫人安氏墓誌

　　……奉誠府十將隴西李府君夫人遼東安氏合葬墓誌銘並序……府君薨於奉節坊私第，時年八十有一，以是歲十月十二日……九年十二月廿日，夫人終於家，享齡七十有八，越以十二年龍……奉遷夫人神幬，即祔府君之塋，禮也。府君公諱……朝士開府將作監。德宇遐深，風烈清瀭，才當五百名……卿、上柱國、平盧跡行軍司馬，歷職內外，佳譽克彰。……信，左武衛中郎將，攝京兆府三原縣令，牧民馭眾，……中郎之長子。勁節孤標，寒松可比。矜莊嚴毅，凜……副之職，揮戈突陣，無不獲全。斬將搴旗，指掌必……及爲將領，師眾歸心，竭力盡忠。誓清封豕所有，臨危在……之謀，屢立奇功。累加前秩。公知命達道，無慮無營，故不登……至斯喪。嗚呼，上壽雖沾，終從物故。哀哉，夫人本……州尙德府折衝。門傳一劍之術，代襲六韜之……女工婦言，帥非師受，克宣內助，歡爲……兆不吉，祔禮未從。遠日雲來，歸……朝，少子興晟，並志列慕……是不忘，絕漿感戚……詞曰：……終能自致……

　　錄自殷憲：《大同新出唐誌釋讀（二十）》，《大同日報》2012 年 2 月 19 日第 4 版《雲岡副刊》。

6、李海清墓誌

　　唐故同十將，冠軍大將軍，守左金吾衛大將軍李君墓誌銘並序：

　　公諱某，字海清。其先隴西成紀人也。以貞元九年五月八日遇暴疾，卒於雲州城北平坊之私第也。享年五十有三。祖莫遮，中郎將。父天德奉誠軍十將，開府儀同三司，太常卿。公即開府之元子也。雅量周身，雄勇當代。忠以奉主，孝以榮親。自幼從仕，迄終天年。令聞有稱，言何無點。以父事邊塞，不願離違。

　　元戎頻欲任以腹心，難抑其志，遂轉受同十將，復得同軍莁士，色養不虧。忠貞傳於一門，孝友彰乎千里。即針書「父子異代，齊勳，恩授冠軍大將軍上柱國」。嗟乎！不盡老萊之心，翻悲卜商之泣。壯心未展，何其云亡？公平昔懷抱，放曠清閒，多以琴酒自娛，不以名利爲意。人所達者也，信而有徵。曾不寢疾，偃然如歸焉。故國路遙，返葬未遂。即以其年五月十九日權窆於雲州城西南五里。夫人清河張氏，鏡孤鸞影，劍闕龍泉。女蘿靡依，

梁木其壞。嗣子太華、次子太初、三子萬迪等並柴毀羸骨,棘心孔哀。恐陵谷將變,式誌斯文,銘曰:人之生也,福兮禍倚。樂極哀生,塊然悲起。傷慈父之肝,情獨冥冥而長已,墳壟卟卜城隅之旁。玉瘞其響,珠潛其光。蘋山峨峨,逝水湯湯。月號玄夜,風悲白楊。

　　錄自殷憲:《大同新出唐誌釋讀(七)》,《大同日報》2011 年 11 月 6 日第 4 版《雲岡副刊》。

7、奚大王記結親事碑

大王記結親事

　　天贊二年五月十五日,記穤免下娉女及求婦據,下卻羊馬牛等具隨頭下,分別如後。大王言我年老,我從十六上別父,我弟穤吒年小,並不得父母悉婦。我成長後,遂與弟下羊馬牛等,求穤免並兒郎悉婦,並是我與六畜求到。其弟把父母大帳,有好弱物,並在弟處,我處無。記娉安祖哥女與契丹素舍利,所得諸物並在弟穤吒處,合與他者,並還他訖。又記與婁呵阿撥作親,先娉與女掘劣,所得羊牛馬頭定,並是弟穤吒受卻據。女掘劣死後,弟穤吒合更與他續親女,又為自無親女續與他,我雖是弟兄我另坐其。婁呵阿不欲絕親情,遂言與大王羊三百口、牛馬卅頭定,求女蘇乎酌。大王言,所與我羊馬,便准取前掘劣女奧渠呂,元如此言定。昨赤眼年舉去來,婁呵阿言,不曾與大王羊馬牛,遂卻。右赤眼年舉與來人眼年窨舍利,同去問蘇古阿撥,其蘇古阿撥言,實與他大王羊三百、牛馬卅頭定。尋大王實言折取前女奧渠呂,今回何諱稱不知。如此政對定,遂拈鼻子與瞎年窨舍利把為據。又記娉穤免女僥回折與袍都夷离己,得羊六伯口,牛馬六十頭定。尋與他金要帶及較具銀,衣服綾綵並隨女去,諸物並一一還足,並不欠少一件。又記娉嚙遐者女與如乎禮太糯羊,得羊五百,牛馬五十頭定,合與伊硬奘物,衣服綾綵並還足,一無欠少。□□□□□□□□□□□下卻羊三百口、牛馬卅頭定,合得金要帶一條,較具二,衣服綾綵廿件,並不缺。□□□□□□□求穤免下卻羊三百、牛馬卅頭定,合得金要帶一條,較具二,衣服綾綵廿件,並不缺。又記與兒□□□□婦與奧輦賣羊七百口、牛馬七十頭定,元商量卻,還以川錦五疋,又錦五疋,銀鏈銀五定,腳銀一定,較具二副,重綾一十匹,吳綾

一十匹，襖子卅領，並多夏衣，並不得來不依元商量事。口口口口口口口
口於轄剌瞎處求到，用卻大王床子買到牛卅。又記與同口舍官人求婦於阿束忽
處，下卻羊五百口，牛馬五十頭疋。弟二口於口口口哥處，用卻大王床子買到
牛卅頭，求朝撥。又記口口口口口口口口袍古舍利處下卻羊三百口、牛馬卅
頭疋，欠金要帶一，較具二，衣服一十件。又記口口子口之初於口口口舍利
處下卻羊三百口、牛馬卅頭疋。又記與口口口口口口口運口作親得羊三百口、
牛二頭，應合與硬物三件，衣服絹帛廿件，並與他足。又記與口口口口口口
口活羊牛，應合與他硬奊物並還他後，與伊別腸女。又記大王阿口沒口官人
下羊馬牛等，與實失郎王下撒蟒官人求葛揚徒處蘇，母名掘劣免，其指疑官
人偷的，皇帝言著諸物與自家充下羊馬酬答，遂破車帳，子孫莫忘。據此事
我也眼不見身不經來，只是我母曾向我道，我肚裏不忘卻，遂記石上。

　　據李義《遼代奚「大王記結親事」碑》（《遼金西夏史研究》，天津古籍出
版社 1997 年）一文所載錄文整理，標點有改動。

　　奚大王記結親事碑。1974 年秋出土於內蒙古自治區寧城縣存金溝鄉喇嘛
溝門村曹家房後地段。現藏寧城縣遼中京博物館。碑刻於遼太祖天贊二年（923
年）。身上圓下方，有底座，高 110 釐米，寬 40 釐米。碑額題「大王記結親事」
六字，碑文由左向右豎行書寫，碑身正面刻 10 行，右側面刻 3 行，背面刻 13
行，左側面刻 1 行，共 27 行，每行字數不等，計 897 字。碑身正面字跡清晰，
背面因村民長期踩踏，字跡已模糊不清。此碑是遼代石刻中時代最早者，碑
文用白話文刻寫，在遼碑中僅此一見。碑刻拓本及錄文見李義《內蒙古寧城
縣發現遼代〈大王記結親事〉碑》（《考古》2003 年第 4 期）一文。其它相關
文章有李義《遼代奚「大王記結親事」碑》（《遼金西夏史研究》，天津古籍出
版社，1997 年）等。

奚「大王記結親事」碑拓片

8、蕭福延墓誌

保節宣徽使、鎮東軍節度、越州管內觀察處置等使、崇祿大夫、檢校太師、同中書門下平章事、行越州大都督府長史、兼御史大夫、上柱國、蘭陵郡開國公、食邑四千三百戶、食實封四百三十戶蕭公墓誌銘。

徵事郎、守右拾遺、直史館、上騎都尉、京兆縣開國子、食邑五百戶杜公謂撰。

咸雍六年夏五月七日丙申，宣徽使、同中書門下平章事蕭公薨於長春州之近郊，享年五十有五。天子聞訃，臨軒震悼，輟視朝兩日，賻贈含襚，率用如等。仍□使□□都虞侯、邢州□□觀察使、檢校太傅馬世英持節以職祭葬。越其年十月三日庚□，備鹵簿鼓吹旌旐□□□□之神柩。翌日辛酉，葬於馬盂山，從先尚書塋於西原，禮也。□□□□，字其昌，其先漢相□□之

後，自梁帝開國而下，其後門閥顯赫，代有其人，國史□□□□載，此不復敘。大王父諱；王父諱，故尚書左僕射；烈考諱，故工部尚書。妣耶律氏，□襄城郡公主。公卽尚書之第二子也。公□生民之秀坦，曠世之度，幼而岐嶷，長而敦敏。出王□之貴□，有公臺之全器。仁孝溫厚，得於□然。重熙四年，起家授左千牛衛將軍，次加檢校工部尚書。十五年，特授鎮東軍節度使、永興宮使。歲中，改授彰義軍節度使。十九年，加檢校太傅□□乾州。二十二年，復授延慶宮使，□□□衛□將軍。今上嗣位，改授崇德宮使。清寧□□□□涿州軍州事，□改宣徽使、左金吾衛上將軍。咸雍元年，以□霤諸部地方千餘里，□□□十萬。風俗豪滑，尤爲難治。朝廷議擇勛戚以專統□，冊公爲奚王，逮至治所，軍靖□□□□境之閒，歡聲一振。號令嚴肅，威惠兩行。民阜業而安□□，苛吏望風而凜然知禁。□□□□以善□聞。次年，驛詔赴闕，拜同中書門下平章事□□□□□□保節□寧功臣。變調大□，以正法居住□□□□洪猷以雅，議達於上。六年，鑾輿北蒐，詔公從於行在，凡遊獵宴會，未曾□□。俄以憂□□□□□□□，使太醫日至其第，有加無瘳，至於奄忽。嗚呼哀哉！公娶漆水郡耶律氏，出華茂之族，挺雍和之□。慈惠謙敬，爲世所重。有子五人，長曰鄭留，次曰王留，次曰柒里鉢，次曰胡都鈷，次曰乙信，皆□□雄偉，有祖先之遺風。昆弟三人，長曰福善，西南路招討使兼中書令、岐王。仲卽公也，季曰福德，宿直官。秋七月，公之兄岐王爰□懵學，俾書遺烈，不敢固讓，謹爲銘曰：

> 漢相而下，忠孝其彰。梁帝之後，世家益昌。本大葉茂，源
> 深派長。洎公之出，厥德其光（光少最後一劃——筆者注）。慶傳
> 戚閒，粹稟坤鄉。貴陞相閣，雄制侯邦。彼天不弔，喪國之良。
> 旌旐色慘，鐃鈸音傷。荒草鋪雪，寒松疊霜。公之去兮何在，水
> 悠悠兮山蒼蒼。

　　據張守義：《平泉縣馬架子發現的遼代墓誌》，《文物春秋》2006 年第 3 期所刊錄文收錄，對照所刊布的拓片對錄文中訛誤之處加以更正並加標點。

　　蕭福延墓誌。墓誌一合，1992 年 8 月出土於河北省平泉縣柳溪鄉馬架子村八旦溝自然村，已斷裂成數塊，爲鸚鵡岩石質，墓誌與誌蓋都長 79 釐米，寬 76.5 釐米，誌蓋爲盝頂。誌文楷書，31 行，首行 81 字，餘 30 行字數不等，滿行 35 字，共 820 餘字。

蕭福延墓誌蓋拓片

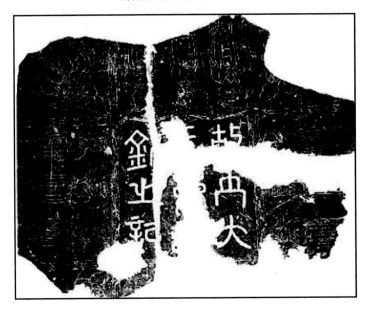

蕭福延墓誌拓片

9、蕭孝忠墓誌

　　南贍部州大遼國錦州界內胡僧山西廿里北撒里比部落奚王府東太師所管，剌史位烈虎衙內孫、鐵林軍廂主男、軋寧軍大師、靜江軍節度使蕭孝忠。前嬪先掩泉臺，所生一男名鄭哥。次妻琴絃續斷，所生一男名何乃。弟三夫人南大王帳分女，所生兒女四。長名多女，次名天王女，幼名觀音女，一男名藥師奴。弟四嬪東剌史位女，漆水郡夫人，並無兒女。弟五漢兒小娘子蘇哥，所生一女，名石婆。夫人等莫不容多艷冶，性稟淑賢。奈福善之無徵，而有斯疾。縱良醫之不驗，今也則亡。豈不欲垂後裔，慶延於孫謀，刊錄於貞珉矣。

　　大安五年歲次己巳十二月一日丁酉朔二十五日辛酉日辛時葬訖。

　　錄自向南編《遼代石刻文編》（河北教育出版社，1995 年）第 416 頁，參考拓本，文字標點有改動。

　　蕭孝忠墓誌 1954 年出土於遼寧省錦西縣西北孤山村，現藏錦州市博物館。墓誌正方形，邊長 66 釐米。刻契丹大字 18 行，誌蓋背面刻漢字 18 行。《全遼文》及《遼代石刻文編》都有錄文。

契丹大字蕭孝忠墓誌拓片

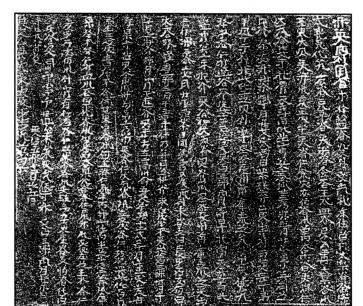

漢字蕭孝忠墓誌拓片

10、蕭孝恭墓誌

　　北朝大遼國南宰相府所官（管）初魯得部族故本部族節度使、銀青崇祿大夫、檢校司空、使持節、蘭陵縣開國男、食邑三百戶蕭孝恭墓誌銘並序。

　　道襲先祖，美冠一時，寬猛得中，始終合節者，故本部族節度使、銀青崇祿大夫、檢校司空、使持節、食邑三百戶蕭公謂矣。公諱孝恭，其先蘭陵人也。高祖已前六祖，世世皆拜南宰相。高祖左僕射、判平州諸軍事，先拜南宰相，親受牙籌，諱楊寧。第（弟）南宰相諱蒲打寧。祖南宰相兼中書令諱德順。其弼輔匡合之功，信義忠直之惠，善祥翕萃，苗裔斯繁。烈考南宰相兼中書令、魏國公諱惟信。叔父南宰相、同中書門下平章事、判西京留守事諱惟忠。遠祖迄今，拜相者一十一人矣。宰相女三人：長曰都哥，適故奚王府監軍太尉耶律諱桂；次曰盧佛女，適監軍太尉親兄、牌印將軍諱解里；

次日烏盧本，適見判易州團練使耶律諱筠。此三人皆大聖皇帝親第（弟）、大內相之孫也。公即宰相止一子也。譯綴史冊，添遼漢之風；定禮刪詩，執投虛之刃。其老子典、孔氏文、律呂象緯，不煩學習，皆生而知之，蓋天性也。今主上言念宗祖忠竭，召從門閨，刜招親於蕭辰，入覲進于丹墀。委任班聯，專綱符寶。以牌印祗候尋掌宿史。皇上朝夕舉止，躬執箋毫，備於國史。未幾，授左奉宸，出陪制蹕，入奉宸嚴。寒燠服勤，夙宵匪懈。次授恩州同知，續授隨駕南戉。奈復授燕京神軍詳穩，奏授灤州刺史，改授永州觀察使。仁慈渙溥，飛鞭勤劬。摧戎得玄女之術；撫境存鄴侯之體。民望如父母；俗敬若神明。鄉播芳聲，驟聆貹聽。上伏念邊防務重，必仗全才，特授本部族節度使。遼國二十部族節度使之最上也。遽出疆而馳鶩，嚴整講修。張使斾以遐徵，頓捐轙轡。然念彼民少福，難覘黃相之顏；彼境澆薄，不遇郭侯之華。奈膏肓有草，縱藥餌無徵。冥數難移，終期奄至。嗚呼哀哉！於大康七年正月十日，於松州北白亭驛程之地，染疾而薨，享年春秋四十有四。當月歸櫬於豐山之本帳。三月十三日附葬於先塋，禮也。宰相為國柱石，作人儀表。天植溥量，神貯淵懷。國夫人別胥，徽溫內蘊，慈愛外鍾。在憂懼以方深，奚旨甘而頓失。夫人耶律氏，則大聖皇帝親第（弟）大內相孫諱迪烈之女也。貞柔植性，麗婉凝姿。痛違偕老之期，愈切未亡之歎。子三人：長曰消災奴；次曰楊奴；小曰望孫。海中珊樹，俊彩相輝；天上麒麟，享蹤竝振。女二人：長曰召相；小曰了孫。皆幼。公天然俊拔，出於懿族。事君則存始終之節，盡其忠也；奉親則謹晨昏之養，盡其孝也。干戈弧矢，善其武也；詩書禮樂，曉其文也。凡於庶事，悉以多知。而貴不驕人，尊不傲物。挺世四十四禩，從公一十八稔。職同戎府，遙駕廉車。委任方深，殲奪曷促。今而逝之，民不幸矣！耳目所接，孰不喟歎！況親戚乎，況子孫乎！吁哉！悲夫！善何不福，仁何不壽，至于此矣。嗣子消災奴，將臨遠日，追愴彌深。委託既專，固辭不克。芮強摭漏遺，以文山骨，迺為銘曰：公之生也出茂族之中，貴復貴而可崇，英靈獨抱，果毅誰同。公之歿也未流年之衰，傷復傷而可悲，彩雲易散，冥數難移。金山西峙兮嶘岏，逝水東流兮渺沺。遠日甫至，長阡難追。花露零而垂涕；松煙懆以含顰。芳美流於玄壤，嗚呼紀于貞珉。饒州觀察判官、試秘書省校書郎、武騎尉陳芮撰。

　　錄自劉鳳翥、唐彩蘭、青格勒編著《遼上京地區出土的遼代碑刻彙編》（社

會科學文獻出版社，2009 年），文字標點有改動。

　　墓誌 1989 年出土於內蒙古自治區翁牛特旗朝格溫都蘇木賽沁塔拉嘎查，長 53 釐米、寬 63 釐米、厚 7 釐米，現藏翁牛特旗博物館。

蕭孝恭墓誌拓片

11、蕭孝資墓誌

　　大遼國故永興宮使、左金吾衛大將軍蕭公墓誌銘。

　　起復乾文閣直學士、充史館修撰楊丘文撰。

　　尚書都官員外郎、賜緋魚袋張弓書。

　　夫人之有問傑之材，忠篤之行，而爲命之所紲，不能曠焉。施之天下，一旦化物，爲知者之所痛悼，其可已哉。公諱孝資。其五代祖曰烏古隣，國朝初有佐命功，故太宗嗣聖皇帝以友視之。祖諱順德，有政事才，在聖宗、興宗朝，天下稱爲第一。重和間，燕民有以左道煽惑人者，其黨連諸郡縣。

上聞之，詔公理之。公既至，條別其罪，止誅其首三人而已。餘皆馳之。當是之時，燕薊間民賴以活命者且數萬家。考諱惟忠，在道宗時，有忠孝大名，著於當世。自始祖至烈考凡九世，而相繼位爲南宰相者十有一人。故于今著望之家，目以爲冠。公少質重寡言笑，然好多藝，善騎射。既冠，仕牌印班，即日擢爲夷离畢郎君。稍進御院通進。時方議討叛軍萌骨德賊。上難其計，即詔公馳視方略。公覆命，以便宜狀聞。上悅之，卒行其策。歷旗皷司徒宿直官，再授延昌宮副使，補遙輦尅，授延昌宮使、靜江軍節度使。持節以使汙。公既造其境，視其臣主之強懦，兵民之虛實，舉之措之，灼在心目。未幾，進永興宮使，拜左金吾衛大將軍。然其閒假左右諸侍衛校官者七，服戈寢甲，無懈蚤夜。自是禁中以嚴密聞。或充汙使諸館接送伴者五，恂恂往來，語動必法，故使人服其知禮。乾統九年十月以疾薨，時年五十有四。以其年十二月廿七日葬於松山之先塋。公沉毅弘遠，有謀斷。凡蒞事必精審其可否。然其始似無所能言，俟其有所立，則奮焉，莫之能禦。故爲同政者往往憚之。自道宗至今上，凡歲時畋獵，必以公預其事。公既受職，必先閱其山川險易之利，而後陰以兵略部勒士騎，伺其緩急而縱斂之，故舉無遺。獲識者足以爲有良將之器。繇始至卒，其歷從衛凡三十有四年矣。然不能一廁政席。疏發淵蘊，抑揚評榷天下之事。或顧授兵柄，坐制成敗，以平方面之難，而卒僕諸散第，豈非以志介而氣篤，不憙爲便僻事，故爲權倖所媢藥也。夫人耶律氏，端婉有志操。其事公愈久愈屬，一不以公之疎昵爲間。公既薨，必盡力以服事，亦不以家之有無爲計也。累封漆水郡夫人。子男一：斡朶，仕牌印班。女一：未嫁。弟二人：長曰孝思，率府率；次曰孝寧，前充黃龍府兵馬都監。僕與公鄉人也。素辱公厚，又與其諸弟善，故託之文。以爲銘曰：

　　器之斯位，仁也斯壽，迺分之宜。器任於國，民版是尸，不猶乎卑。仁故踰數，中歲是萎，不其天爲。繄公之才，不著厥施，著於有聞。繄公之行，所享不充，以溢後昆。奚以位耶，奚以壽耶，請鑱於文。

乾統九年十二月廿七日記。

錄自劉鳳翥、唐彩蘭、青格勒編著《遼上京地區出土的遼代碑刻彙編》（社會科學文獻出版社，2009 年），文字標點有改動。

墓誌大約 2001 年出土於內蒙古自治區翁牛特旗山嘴子鄉毛不溝村遼墓，

係盜掘而出，現藏於翁牛特旗博物館。墓誌長 74.51 釐米、寬 64.5 釐米、厚 10.5 釐米。

蕭孝資墓誌拓片

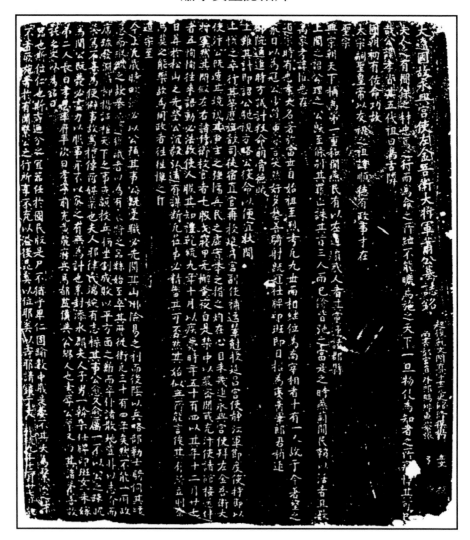

12、張哥墓誌

南贍部州大契丹國奚王府欈欖母呵長管具劣男太保張哥墓至一竭。夫聞祖伐高顯，此輩名傳宗。爲佐國之臣，今作擎天之柱。遺流聖跡，後代逐移。標古記於千秋，題碑文於萬歲。此墓東接徐州景，西連翠峰山。北面伽里鎮，

南有玉石岩。上面連霄漢，下徹定生關。八方皆統領，四海盡成班。青陽郡
奚耶律太保張哥男高七、次男望哥，孫子韓九、七哥、王八、王九、十一，
重孫豆咩哩。

重熙四年十一月乙巳朔己酉日閉。

張哥墓誌拓片

13、耶律氏墓誌銘

大金漆水郡夫人耶律氏墓誌銘

承直郎、行臺右司郎中劉長言撰。

從仕郎、濱州司法參軍□世澤書。

儒林郎、前知濟南□□□鈌篆蓋。

皇統元年十二月乙酉，金紫光祿大夫、同知西京留守事蕭公命子謙卜葬

其正室故漆水郡夫人耶律氏于薊州漁陽縣□□□樂山之原，禮也。前期，以門人徐庚所狀夫人家世封壽治行之實，抵汴京請銘于行臺右司郎中劉長言，將勒諸壙石，用圖不朽。先是，金紫公尹濟南，長言家山東，以所聞公之耆舊□□積累深厚，內助之美，所從來久。且夫人之葬，瀝應得銘。顧如鄙文洶泏弗振，懼無以稱。□□□辭，迺據而論次，謹按：夫人耶律氏，曾門而上，累葉通顯，號爲世家。祖父蓄德，□□□以□□，而父更歷藩翰，至平州節度使。母曰蘭陵郡夫人蕭氏，名諱具載別文。夫人□□淑靈，長益明悟，柔懿貞順，奉親篤孝。女工之事，不待姆誨，皆過絕人。及歸夫家，以所事父母□□之尊章而能祗敬，夙夜勤勞匪懈。膳服溫清，先意從事。歲時伏臘烝嘗賓燕，率循儀法。肅□□□，中表稱俲之。平居以禮，承上以仁，接下樂善，周急無間疏戚。視人窮厄如己，致之至誠。惻□□□顏色，拯援調護，綴衣□食，無所吝嗇，雅不妬忌，尤惡奢靡。皆得之自然，非如它人彊勉爲之。□□金紫公初受命治齊，與夫人謀，以屬累眾大，不可偕行。□□□有限，不足分贍。念有負郭之田，獨可竭力以殖恒產。於是夫人留居，顓董家事。環堵之□□□風雨，然而規摹嚴整，其起居應□，皆有常度。服用簡約而均節，區處必中條理。自親戚故舊□□臧獲僮隸，懷戴恩遇，感激勸向。事罔不治，訖無一人輒異言者。蓋金紫公仕絲小官，登□□□心，公家閨門之政，唯夫人是任。內外兩得，協□□□，物論歸美，時鮮儷焉。夫人少好學問，□□典教，藏書萬卷，部居分別，各有倫次。每早起□□□誦佛經，日旰方食。已而，雜閱諸書，涉獵傳記。或時評議古今得失，切當事理，聞者歎息，玩□□□，得所趣入。無何，被疾，迨屬纊，神情不亂。以天眷二年冬十二月丙子薨于寢，壽六十有五。□□□躬履全德，來嬪右族，饗封受祉，安榮終身，惠愛浹於鄉黨，風猷藹於士論。故歿之日，遠近□□□徹行路，其賢智所立，不出壼闑，而動人如此，可不謂難能也哉。子男二人：謙，蚤服義訓，今□□□將軍，知濱州軍州事。黏漢，未仕。謙娶劉氏，故節度使劉昉之女。孫男三人：建孫、公孫、昌孫，孫□□□尚幼，公孫幼而敏慧，夫人鍾愛，殆爲己子。維金紫志義許國，遽失宜家之助；而明威幹蠱，襄事方銜陟□□□匪著遺範，何以慰其夫子。既備備敘之，迺復繫爲銘詩，以伸敬仰之意，告後之人。其辭曰：

　　有來夫人，高明令淑。嬪於慶門，膺此多福。蘭陵侃侃，位以
　德隆。絲有伙助，致我匪躬。溫柔懿恭，內稟純固。夫人之德，睟

　　然天賦。文約簡正，既利孔時。夫人之言，可復不欺。周旋中禮，
儼其莊靜。夫人之容，孰敢弗敬。上承下字，翼家之興。夫人之功，
展也其成。漆水之封，夫貴受祉。上壽不究，胡尼之止。有鬱新阡，
納幽斯奠。猗嗟夫人，後則不亡。

　耿著刊。

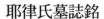

耶律氏墓誌銘

　　據《北京遼金史蹟圖志》（北京燕山出版社，2003 年）所刊拓片錄文。
　　耶律氏墓誌銘。墓誌一合，近年出土於北京市平谷區黃松峪鄉轄子墳
村，現存平谷區黑豆峪村碑林。金皇統元年（1141）刻石。誌石長 97 釐米，
寬 100 釐米。蓋和誌石在中部被鋸成兩半，挪做他用。誌蓋篆題「大金漆水
郡夫人耶律氏墓銘」。誌文楷書 37 行，滿行 35 字。北京市文物局編《北京
遼金史蹟圖志》（北京燕山出版社 2003 年、2004 年）上下冊分別收有墓誌拓
片及錄文。考釋文章有周峰《金代蕭公建家族兩方墓誌銘考釋》（《北京遼金
文物研究》，北京燕山出版社 2005 年）。

14、蕭資茂墓誌銘

大金故達撒山行軍謀克、孛謹蕭公墓誌銘並序

歸德將軍、尚書禮部員外郎兼翰林修撰、同知制誥、國史院編修官耶律履撰並書。

公諱資茂，姓蕭氏，奚五帳族人也。皇曾祖勔，遼西京留守。皇祖諱公建，仕聖朝，以京兆□□□□□管致仕，棄官金紫光祿大夫。皇考諱謙，以□□軍節度使致仕，棄官榮祿大夫。妣劉氏，封□□□夫人。兄弟三人，公最長，體貌魁偉，特……氏謝世，弟妹皆幼，公撫……朝廷以金紫府君有功，授謀克……公平廉慎，人賴其德。正隆時海陵……以公領行軍謀克。五年，盜據東……致討，公與弟資義、資艾偕行。既……舟壞，與資義同溺而卒。無子，資……權厝於容城之三臺鄉，以大定廿五……日葬于漁陽醴泉鄉先塋。銘曰：

聰明友愛，惟公之□。人懷其惠，惟公之□。龜玉之毀，抑天之命。盤山蓊蔚，神之所□。

蕭資茂墓誌銘

據《北京遼金史蹟圖志》（北京燕山出版社，2003 年）所刊拓片錄文。

蕭資茂墓誌銘僅存誌石，出土於北京市平谷區黃松峪鄉轆子墳村，現存平谷區黑豆峪村碑林。金大定二十五年（1185）刻石。誌石長 80 釐米，寬 79 釐米。誌文楷書 20 行，滿行 19 字，右上角和左下部漫漶不清。收錄及研究情況同上。

15、舒穆嚕氏神道碑

天將以神武睿聖之君開基革命，則必錫以智勇雄偉之材爲之將相。成湯得阿衡而革夏。武王獲尚父而翦商。秦得蒙恬、白起，漢得子房、韓信。視取萬方奠九有如卷席破竹，摧枯拉朽，不勞力而定，自是以降，迄於今。一廢一興，修短治亂雖不同，而君臣際會，股肱心膂，莫不皆然。我太祖皇帝起朔方入中夏，不數歲而奄奠萬國。攻堅平險，伐謀破詭，固出於神武睿知之獨斷。而其陽開陰闔，鼓雷霆之先聲；虎搏鷹揚，震風雲之餘勇者。豈無人焉。河山左界東際於海，北首燕雲，南抵淮漢，摧鋒挫鍔，聲實相應。順則撫之，逆則折之，一戎衣而爲我有者，實太師穆呼里國王忠武之功也。太師之貳將曰鎮國上將軍、御史大夫舒穆嚕公。公薨五十有五年，公之嫡曾孫良輔狀公之平生，以神道之石來征言，謹序而銘之。公姓舒穆嚕氏，小字額森，其先特爾格人，仕遼世爲大官。兵亂譜牒廢，世次莫能考。公幼穎悟，未冠，雄勇過人，以將家子弓槊鞍馬不習而能。及長，精通吏事，契丹、女直兩朝語言、風俗、政治、典故，耳目習熟。仕金爲譯事，未幾，以明辨廉幹遷西北路招討使幕官，繼以軍功拜萬夫長。公請讓職於族兄章達納，願以副貳自處，金帝嘉其遜悌、友愛而從之。今自道陵崩，逆臣擅命，乾綱解弛，宗室貴戚素無威柄。重以宴安佚樂，昇平日久，平居無事，口脂面藥，軟媚如婦人女子。一旦內亂遽起，惶駭憂懼，莫知所爲。我太祖提兵南下，所過城邑從風而靡。公歎曰：「天時人事，上下相應，金德衰矣，事可知矣。中擾而外潰，吾以窮身孤軍，其將疇依，天命其在北乎，逆天者不祥。」遂同族兄率所部之眾而歸太祖皇帝，帝以公隸太師穆呼里國王帳下。王適欲取東京，兵駐臨潢高州，以公爲前鋒，覘其虛實，圖攻拔之策。公倍道兼行，距城甚邇，道值新官留守來之任。公襲殺之，獲其章服誥命，遣吏紿報城守者曰：「新官至矣。」守城吏出迎，即入公廨中聽事，謬謂僚佐曰：「城樹以兵，何也？」

吏以邊聲對。公曰：「吾新自朝廷來，他郡寂無此音，且俱不設備，毋妄苦士民。」下令撤兵，安以溫語，老幼爲之帖然。潛遣使以告太師，太師兵至不血刃而得一大郡，口數十萬。公之用兵，可謂仁且智矣。太祖南伐，太師奏公知兵，承制以爲托和倫塞勒，弼之副將，軍事一決於公。敵城之堅瑕，人情之向背，目中所得，莫能逃其算。遂自北京、幽薊、益都、大名，皆下之。以功，歲乙亥五月，特恩錫虎符，拜鎮國上將軍，以御史大夫提控諸路元帥府事。是歲十月，詔同左監軍王守玉偕來至闕。勅自灤水東、遼水西土地郡邑一聽公約束。歲丁丑，六師復南，公帥諸將攻蠡州，親執枹鼓，爲諸軍先。以死報効，殞於矢石之下，時年四十有一。嗚呼！以公之才，方之古良將不爲過。惟其忠於爲國，不有其躬置身於死地而不自惜，竟以勇斃，惜哉！公天資廉潔，身後家無餘貲。訓兵持賞罰甚平，不以親戚而屈法，不以仇怨而沮功。夫人三：長曰蒙古氏、次蕭氏、耶律氏。四子：長曰察喇、次曰轄克錫、次曰博囉、次曰琨。察喇、轄克錫、博囉，蒙古氏所出也。察喇剛直有父風，發矢無不中，嘗一日射飛雉三十。歲戊寅，襲父貴，從太師西征，取平陽、太原、隰、吉、嵒嵐諸城。歲丁亥，從博囉國王攻益都，堅守不下，力窮出降。諸將以久拒命，欲屠之。察喇切諫，以殺降不吉。國王從之，闔城得以免死。歲辛丑，太宗皇帝以察喇功臣子，能繼立戰功，授眞定路達嚕噶齊兼北京路達嚕噶齊。歲癸卯，享年四十有四，卒於柳城。轄克錫不仕，博囉志大而早世。琨，耶律氏所出，勇力兼人，善射，嘗知興中府，後隱居不仕。一女曰壽仙，適遼王子。孫二人：長曰庫嚕默，氣質超邁，剛正善弓矢，承父職，兼尹興中府。中統二年，皇帝思念先朝舊臣，有勳於我家，授黑軍總管。三年，平李璮亂。以疾卒於漁陽，享年四十有三。次曰彥文，純厚孝友，興中諸軍鄂勒長。曾孫三十餘人，某某。玄孫若干人。良輔，庫嚕默子也，世父官。銘曰：志士有言，馬革裹屍。不材擁腫，壽考奚爲。維公天稟，得熊虎姿。風際雲會，貳我太師。兵不師古，有正有奇。智信仁勇，左右具宜。廓清寰縣，傳檄可期。猛不懼險，忠以忘危。失我名將，孰云不悲。公乃夷然，視殞如歸。英名天壤，豹死留皮。宜其有後，若若累累。世握兵柄，益光前輝。遼陽之野，灤水之湄。大書深刻，有豐者碑。千秋萬古，不剷不隳。過者斂衽，如拜生儀。死事一傳，孰措其辭。忠武一諡，子孫孝思。太常太史，視此銘詩。

（元）胡祗遹：《紫山大全集》卷一六。

16、總管黑軍舒穆嚕公行狀

　　公諱庫嚕默滿，姓舒穆嚕氏，遼陽大寧人。契丹太祖后蕭氏能用兵，太祖併一諸部，擊滅鄰國，侵軼中夏，以大其國家，后與有力焉。故世后皆蕭氏，而蕭遂為右族。金滅契丹，易蕭為舒穆嚕氏。公四世祖格呼勒，閔宗國淪亡，誓不食金粟，率部落遠徙窮朔，以復讎為志。曾祖推勒博奇爾，招來懷輯，徒眾益盛。祖額森，饒智畧，喜騎射，年少任俠尚氣。金聞之，欲縻以爵，深晦匿以自全。太祖皇帝龍興，挺身而歸，出奇計，單騎掩取金東京。一旦失於重鎮，遂震讋莫能抗。王師從下北京，定幽燕，席卷青齊，收地數千里。拜御史大夫、上將軍，特將擊蠡州，死之。父察喇，剛勇善射，有父風。先是，大夫募豪勇士為前行，號黑軍，所向無敵，常自將之。至是，仍授查刺公御史大夫，領黑軍，從下平陽、太原，降益都，南征，力戰克敵，直取汴州。從征南京，先登，以功除眞定路達魯花赤兼北京路達魯花赤。公其長子也，公生而卓異，幼少嬉戲，不與諸兒伍，出語輒驚人。及長，魁梧俊拔，有大志，關弓滿二石。畫的於侯方寸，去百步射之，無不中，繼發必破其括。從兩騎逐兔北野山，遇樵者奔曰：「虎纔負嵎，愼勿往。」公不聽，馳而前。虎踞地大吼，從騎失色。公戒毋動，獨按擊，復行，直虎十步止，挾矢以待。虎躍而起，引馬少避，一發中其吭，以死。喜交士大夫，論古今治亂、忠臣義士，必慷慨感激。至事之幾會，前人所處未善，以片言發之，切中要領，雖老生歎莫及。襲父職，授總管黑軍。上知其才，降制，畧曰：起本將家，致身戎伍。祖野仙有展土開疆之效，父查刺著攻城畧地之功。尚克前脩，勉勉後效。黑軍素畏服公，既領事，推誠撫下，不弛不苛。練習淬礪，常若赴敵。戊午歲，攻宋襄陽、樊城，晝夜苦戰。與從弟圖喇立雲梯上，直衝其堞。公手殺十餘人，度刺死之。中統三年，李壇反淄青，公從東討，壇濟南分地以守。壇劇賊皆精悍，數出兵奔突。公常陷陳斬獲，以剉其鋒，後獨不敢犯。公所部帥眾攻城，盡銳而進，城上矢石雨注，公不肯避，中飛矢卒。軍士奪氣，聞者愴惜之，時年四十有一。公之用兵，不師古法，而審勢知變，出奇無窮。人或謂公曰：「為將當運籌發縱，左右三軍，以逸使勞，而可以制勝。公每臨陣，喜先卒伍，得非大將所為，且復有失乎。」公曰：「惡死好生，人之情。吾不用斧鑕驅大夫士，不以身先之，誰肯捐軀以致命邪？且男子當援枹死事，書之竹帛，炳炳然後世，豈呫呫死戶牖下，效兒女子乎？我嘗聞漢伏波將軍誓以馬革裹屍，眞丈夫也。」蓋公平昔之志如此，而終以

是歿，悲夫！公娶蒙古氏，子男二人：長某，嗣職。次家兒，豐縣尹。卜是年某月某日，葬興州書金山。公德業當書於太史氏，而孤某亦將請於立言。君子銘其墓道，謹為次第其行事，大致如此。以備采擇焉，謹狀。

（元）許謙《白雲集》卷二

17、浙東處州分府元帥石末公德政記

　　浙東道宣慰使司同知、副都元帥石末公之鎮括，以志計銷頑梗，以德惠撫疲瘵，理財足食，完守固禦，仁威並行，寇盜潛戢。予既從父老請，敘其績而頌之矣。其夏六月己巳，松陽縣民吳亨又介何君子安來請曰：「當盜發松陽時，亨以義兵從有司攻盜，故羣盜皆與亨為仇家。無何，盜有斬其酋詣帥府降者。方論功受賞，乃因勢訴亨及同事四人，謂與盜通。公且信且疑之，即檄召亨等。亨時出外，四人者先至。公訊得其情，謂之曰：『女輩雖非與盜通，然頓兵玩寇，以致蔓延，不為無罪。』四人懼，請輸鈔各五百定以自贖。亨獨後至，公怒曰：『是重違吾令。』亨大懼，請贖。公命築左渠城堤五十丈，費且倍。既而，公察知亨實無異心，更助粟百斛、鹽五引，俾卒事。亨自惟被誣事昧，惟公釋疑，俾從輕。亨來又後，犯公令，公亦不忍施大罰，俾降從贖典。既又發補我勞，亨實不共以戚公，其敢自藏慝。若垢在躬克滌，其敢忘公恩，思為公為祠，樹石以昭示於人人。先生幸鑒其誠，而賜之文。俾我公之功之德，永底弗忘，亨之願也，非所敢望也。」予甚嘉之，曰：「善哉！孟子曰：『以佚道使民，雖勞不怨；以生道殺民，雖死不怨殺者。』豈不信哉。」粵自草竊搆亂，朝野多故，紀綱就弛，官吏張口引頸，幸民有事以資漁獵。使亨不逢公，家必傾。或激不得已，鞠為匪人，則其抱恨何如哉。惟公涖茲邦，決庶政，大小有民咸戴實德，不獨一吳氏子也。今亨不幸被誣而當公，時亦幸矣哉。嗚呼！使亨不幸屬他人，雖傾家奉吏，且枉直終不分。今輸力於官，雖罰有度，矧又獲為功於父母邦，宜其喜而感也。昔者諸葛武侯之治蜀也，政尚嚴明，蜀人始畏而終懷之。至於李平、廖立，親遭廢斥而悔艾、思念，沒身不置。公道之服人，固若是哉。豪傑之士相後千歲而能使人感動奮發，其機如一。故予於亨之請。輒不辭而為之文。若夫公之功績在括者。既別有碑不重著也。

（明）劉基：《誠意伯文集》卷九

18、石抹公墓誌銘

大德二年南陽知府李源撰。

覃懷陰陽提領李子安持前汝州知州石抹公行蹟來謁，且曰：「石抹公出自貴冑，所歷有聲。今茲云亡，不幸無子。夫人石抹氏志節堅貞，能守婦道。懼公之名歲久湮滅，欲託文於君，以傳不朽，可乎？」予曰：「方今名流勝士、碩儒宿德詞筆如椽者在在皆是。不求之於彼，何以予文爲？」李復再拜致懇，至於三，至於四。詞不獲已，因嘉石抹氏之賢，復尙子安君之義。摭具其實而次敘之。謹按行狀，石抹公契丹迪剌糺人也。高曾祖不記名字，扎剌兒亡今（原文如此，疑應爲「金」——筆者注）時統領軍兵屯駐河州。自甲戌年率眾糺軍歸順大（原文如此，疑應爲「太」——筆者注）祖皇帝，充右監軍。乙亥年，充左監軍。是年七月，以勞効加光祿大夫、左宣徽使。丁丑年，充行省都元帥。己丑年，換受哈罕皇帝宣命金虎符，充管把興州、北京、懿州、臨潢府、平、灤州、燕京順天府等路管軍萬戶。庚寅年，病卒。三夫人尤甲氏削髮爲尼，在家脩行。六于（原文如此，疑應爲「子」——筆者注）內六歌者即汝州公，尤甲氏之所出也。其符爵自辛卯年長子重喜暨孫忙古觟、重孫紹祖、玄孫驢驢，奕葉襲受，至今不絕。別有豐碑，茲不復載。公諱謙甫，字季讓。方其幼也，穎悟不群。及其壯也，能自樹立，折節讀書，摳衣於愼獨先生。與同舍遊，無斯酒貴公子氣。學問日進，大爲先生稱賞。至於木庵老宿以詩答，交相推薦。娶石抹氏，管軍萬戶脫察剌女也。世祖皇帝中統二年，充兵部員外郎。三年，爲姪孫紹祖襲爵萬戶，年幼。欽受特旨，從軍教戒。至元二年，充軍都路同知諸軍奧魯總管。四年，充衛輝路諸軍奧魯總管，仍佩金符，例革。九年，受承直、承節，借注汝州知州。下車之日，省察風俗，問民疾苦。州治適當王師攻伐襄樊切要處所，至於渡江供給軍需，差役雖煩，無被擾者。州經二次起簽民兵，躬親循問，貧富均平，人無怨言。編立排甲，教戒行伍，發號施令，一如對敵。當時齊整，甲於他州。勸刻遊隋（此字疑爲「惰」之誤——筆者注）知徵，摧抑豪猾知避。凶年則於鄰境借貸，民無饑餒。規措驛遞，撫慰屯軍。教吏讀書，俾知道義。免災稅，儲義糧。凡厥不便於民者，小惡必去；便於民者，小善必爲。不及三年，號曰政成。本道風憲官以廉幹，獨委艱難之事。一經鞫問，皆稱允當。軍民、士庶、僧道、醫卜一千餘人赴提刑司、南陽府上書保留，政聲實跡，章章可考，雖漢之良兩千石不過是也。十二年四月，病卒，享年四十有六。無子，一女引

璋，適魯山張氏子，身故。遺甥梅茶，年甫十歲。夫人石抹氏，恪守貞烈，緝睦閨門。奴力於耕，婢勤於織。歲時伏臘，祭祀嚴敬。斷斷然持志節者二十餘年，以大德元年九月吉日祧葬太夫人术甲氏於魯山縣十里堡七里頭村，祔葬公於墓側。嗚呼！昔鄧伯道義而無子，百姓有作怨天之詞者以哀之。至今千載之下，使人咨嗟悱悼，尚生矜愍之心。今季讓亡已二十餘年，其流風善政，父老津津然，說不容口，猶若目前。方之伯，道義固不同，至為百姓哀而思之，名愈久而愈彰，無以異也。與其有子而無聞，安可同年而語哉！銘曰：

考基弗構，雖云有子而與無子同，斯乃幸中之不幸也。

名揚不朽，雖云無子而與有子同，其亦不幸中之幸歟。

《嘉靖魯山縣志》卷九《石抹公墓誌銘》，天一閣藏明代方志選刊本，上海古籍書店，1981年，第44～48頁。

附錄三　有關奚族的古詩

杜　甫

悲青阪

　　我軍青阪在東門，天寒飲馬太白窟。黃頭奚兒日向西，數騎彎弓敢馳突。山雪河冰野蕭瑟，青是烽煙白人骨。焉得附書與我軍，忍待明年莫倉卒。

《全唐詩》卷二一六。

顧　況

杜秀才畫立走水牛歌

　　崑崙兒，騎白象，時時鎖著師子項。奚奴跨馬不搭鞍，立走水牛驚漢官。江村小兒好誇騁，腳踏牛頭上牛領。淺草平田擦過時，大蟲著鈍幾落井。杜生知我戀滄洲，畫作一障張床頭。八十老婆拍手笑，妬他織女嫁牽牛。

《全唐詩》卷二六五。

李　益

城傍少年

　　生長邊城傍，出身事弓馬。少年有膽氣，獨獵陰山下。偶與匈

奴逢，曾擒射雕者。名懸壯士籍，請君少相假。

《全唐詩》卷二八二。

王 建

塞上

漫漫復淒淒，黃沙暮漸迷。人當故鄉立，馬過舊營嘶。斷雁逢冰磧，回軍占雪溪。夜來山下哭，應是送降奚。

《全唐詩》卷二九九。

張 籍

漁陽將

塞深沙草白，都護領燕兵。放火燒奚帳，分旗築漢城。下營看嶺勢，尋雪覺人行。更向桑乾北，擒生問磧名

《全唐詩》卷三八四。

李 賀

送秦光祿北征

北虜膠堪折，秋沙亂曉鼙。髭胡頻犯塞，驕氣似橫霓。灞水樓船渡，營門細柳開。將軍馳白馬，豪彥騁雄材。箭射欃槍落，旗懸日月低。榆稀山易見，甲重馬頻嘶。天遠星光沒，沙平草葉齊。風吹雲路火，雪污玉關泥。屢斷呼韓頸，曾然董卓臍。太常猶舊寵，光祿是新隮。寶玦麒麟起，銀壺狒狁啼。桃花連馬發，彩絮撲鞍來。呵臂懸金斗，當唇注玉罍。清蘇和碎蟻，紫膩卷浮杯。虎鞹先蒙馬，魚腸且斷犀。邐迤西旅狗，磥額北方奚。守帳然香暮，看鷹永夜棲。黃龍就別鏡，青冢念陽臺。周處長橋役，侯調短弄哀。錢塘階鳳羽，正室擘鸞釵。內子攀琪樹，羌兒奏落梅。今朝擘劍去，何日刺蛟回。

《全唐詩》卷三九二。

杜　牧

寄唐州李玼尚書

　　累代功勳照世光，奚胡聞道死心降。書功筆禿三千管，領節門排十六雙。先揖耿弇聲寂寂，今看黃霸事揅揅。時人欲識胸襟否？彭蠡秋連萬里江。

　　　　　　　　　　　　　　　　　　　《全唐詩》卷五二四。

李商隱

行次西郊作一百韻

　　蛇年建午月，我自梁還秦。南下大散關，北濟渭之濱。草木半舒圻，不類冰雪晨。又若夏苦熱，燋卷無芳津。高田長檞櫪，下田長荊榛。農具棄道旁，饑牛死空墩。依依過村落，十室無一存。存者皆面啼，無衣可迎賓。始若畏人問，及門還具陳。右輔田疇薄，斯民常苦貧。伊昔稱樂土，所賴牧伯仁。官清若冰玉，吏善如六親。生兒不遠征，生女事四鄰。濁酒盈瓦缶，爛穀堆荊囷。健兒庇旁婦，衰翁舐童孫。況自貞觀後，命官多儒臣。例以賢牧伯，徵入司陶鈞。降及開元中，姦邪撓經綸。晉公忌此事，多錄邊將勳。因令猛毅輩，雜牧昇平民。中原遂多故，除授非至尊。或出幸臣輩，或由帝戚恩。中原困屠解，奴隸厭肥豚。皇子棄不乳，椒房抱羌渾。重賜竭中國，強兵臨北邊。控弦二十萬，長臂皆如猿。皇都三千里，來往同雕鳶。五里一換馬，十里一開筵。指顧動白日，暖熱回蒼旻。公卿辱嘲叱，唾棄如糞丸。大朝會萬方，天子正臨軒。採旂轉初旭，玉座當祥煙。金障既特設，珠簾亦高褰。捋鬚寒不顧，坐在御榻前。忬者死艱屨，附之升頂顛。華侈矜遞衒，豪俊相併吞。因失生惠養，漸見徵求頻。奚寇西北來，揮霍如天翻。是時正忘戰，重兵多在邊。列城繞長河，平明插旗幡。但聞虜騎入，不見漢兵屯。大婦抱兒哭，小婦攀車轓。生小太平年，不識夜閉門。少壯盡點行，疲老守空村。生分作死誓，揮淚連秋雲。廷臣例獐怯，諸將如贏奔。為賊掃上陽，捉人送潼關。玉輦望南斗，未知何日旋。誠知開闢久，遘此云雷屯。送者問鼎大，存者要高官。搶攘互間諜，孰辨梟與鸞。千馬無返轡，萬車無還轅。

城空鼠雀死，人去豺狼喧。南資竭吳越，西費失河源。因今左藏庫，
摧毀惟空垣。如人當一身，有左無右邊。筋體半痿痹，肘腋生臊膻。
列聖蒙此恥，含懷不能宣。謀臣拱手立，相戒無敢先。萬國困杼軸，
內庫無金錢。健兒立霜雪，腹歉衣裳單。饋餉多過時，高估銅與鉛。
山東望河北，爨煙猶相聯。朝廷不暇給，辛苦無半年。行人攉行資，
居者稅屋椽。中間遂作梗，狼藉用戈鋋。臨門送節制，以錫通天班。
破者以族滅，存者尚遷延。禮數異君父，羈縻如羌零。直求輸赤誠，
所望大體全。巍巍政事堂，宰相厭八珍。敢問下執事，今誰掌其權。
瘡痍幾十載，不敢扶其根。國蹙賦更重，人稀役彌繁。近年牛醫兒，
城社更扳援。盲目把大斾，處此京西藩。樂禍忘怨敵，樹黨多狂狷。
生為人所憚，死非人所憐。快刀斷其頭，列若豬牛懸。鳳翔三百里，
兵馬如黃巾。夜半軍牒來，屯兵萬五千。鄉里駭供億，老少相扳牽。
兒孫生未孩，棄之無慘顏。不復議所適，但欲死山間。爾來又三歲，
甘澤不及春。盜賊亭午起，問誰多窮民。節使殺亭吏，捕之恐無因。
咫尺不相見，旱久多黃塵。官健腰佩弓，自言為官巡。常恐值荒迥，
此輩還射人。愧客問本末，願客無因循。郿塢抵陳倉，此地忌黃昏。
我聽此言罷，冤憤如相焚。昔聞舉一會，群盜為之奔。又聞理與亂，
在人不在天。我願為此事，君前剖心肝。叩頭出鮮血，滂沱污紫宸。
九重黯已隔，涕泗空沾脣。使典作尚書，廝養為將軍。慎勿道此言，
此言未忍聞。

《全唐詩》卷五四一。

貫　休

古塞上曲七首

　　幽并兒百萬，百戰未曾輸。蕃界已深入，將軍仍遠圖。月明風
拔帳，磧暗鬼騎狐。但有東歸日，甘從筋力枯。

　　中軍殺白馬，白日祭蒼蒼。號變旗幡亂，犛䝙草木黃。朔雲含
凍雨，枯骨放妖光。故國今何處，參差近鬼方。

　　白雁兼羌笛，幾年垂淚聽。陰風吹殺氣，永日在青冥。遠戍秋
添將，邊烽夜雜星。嫖姚頭半白，猶自看兵經。

久雨始無塵，邊聲四散聞。浸河荒寨柱，吹角白頭軍。戰馬齕腥草，烏鳶識陣雲。征人心力盡，枯骨更遭焚。

帳幕侵奚界，憑陵未可涯。擒生行別路，尋箭向平沙。赤落蒲桃葉，香微甘草花。不堪登隴望，白日又西斜。

地角天涯外，人號鬼哭邊。大河流敗卒，寒日下蒼煙。殺氣諸蕃動，軍書一箭傳。將軍莫惆悵，高處是燕然。

山接胡奴水，河連勃勃城。數州今已伏，此命豈堪輕。磧吼旄頭落，風乾习斗清。因嗟李陵苦，只得沒蕃名。

《全唐詩》卷八三○。

毛文錫

甘州遍

秋風緊，平磧雁行低。陣雲齊。蕭蕭颯颯，邊聲四起，愁聞戍角與征鼙。青冢北，黑山西。沙飛聚散無定，往往路人迷。鐵衣冷，戰馬血沾蹄，破蕃奚。鳳凰詔下，步步躡丹梯。

《全唐詩》卷八九三。

王昌齡

城旁□□

降奚能騎射，戰馬百餘匹，甲仗明寒川，霜□□□□。□□煞單于，薄暮紅旗出。城旁粗少年，驟馬垂長鞭，脫卻□□□，□劍淪秋天。匈奴不敢出。漠北開塵煙。

《全唐詩逸》卷上。

歐陽修

試院聞奚琴作

奚琴本出奚人樂，奚虜彈之雙淚落。抱琴置酒試一彈，曲罷依然不能作。黃河之水向東流，鳧飛鴈下白雲秋。岸上行人舟上客，朝來暮去無今昔。哀弦一奏池上風，忽聞如在河舟中。弦聲千古聽

不改，可憐纖手今何在。誰知著意弄新音，斷我樽前今日心。當時
應有曾聞者，若使重聽須淚下。

《歐陽修集》卷五四。

劉 敞

古北口〔註1〕

束馬懸車北度燕，亂山重複水潺湲。本羞管仲令君霸，無用俞
兒走馬前。

鐵漿館

稍出盧龍塞，回看萬壑青。曠原開磧口，別道入松亭〔註2〕。
亂馬寒隨劃，奚車夕戴星〔註3〕。忽悲田子泰，寂寞向千齡。

以上《公是集》卷二二。

奚琴

奚人作琴便馬上，弦以雙繭絕清壯。高堂一聽風雪寒，座客低
回爲凄愴。深入洞簫抗如歌，眾音疑是此最多。可憐繁手無斷續，
誰道絲聲不如竹。

蘇 頌

和仲巽山行

天險限南北，迴環千里山。客亭依斗絕，朔地信偏慳。伴月驅
行傳，緣雲度故關。林泉雖勝賞，無奈霤奚間。

奚山道中

山路縈回極險難，才經深澗又高原。順風沖激還吹面，灔水堅

〔註1〕原詩注：自古北口，即奚人地。皆山居谷汲，耕牧其中，而無城郭，疑此則
春秋之山戎病燕者也。齊桓公束馬懸車，涉辟耳之溪，見登山之神，取其戎
菽冬蔥布於諸侯，蓋近之矣。口占一篇，因以傳疑。
〔註2〕原詩注：此館以前屬奚，山溪深險，以北屬契丹，稍平衍，漸近磧矣。另一
道自松亭關入幽州，甚徑易，敵常秘，不欲使漢知。
〔註3〕原詩注：奚人以車帳爲生，晝夜移徙。

凝幾敗轅〔註4〕。岩下有時逢虎跡，馬前頻聽異華言。使行勞苦誠無憚，所喜殊方識漢恩。

和仲巽奚山部落

千里封疆薊雪間，時平忘戰馬牛閒。居人處處營耕牧，盡室穹車往復還。

和遊中京鎮國寺

塔廟奚山麓，乘軺偶共登。青松如拱揖，棟宇欲騫騰。夷禮多依佛，居人亦貴僧。縱觀無限意，紀述恨無能。

和奚山偃松

亂枝輳轕翠陰圓，倚岫垂崖盡偃然。不爲深根生觸石，定應高幹上摩天。

和過打造部落

奚夷居落瞰重林，背倚蒼崖面曲潯。澗水逢春猶積凍，山雲無雨亦常陰。田塍開墾隨高下，樵路攀緣極險深。漢節經過人競看，忻忻如有慕華心。

以上出自《前使遼詩》。

次行奚山

奚山繚繞百重深，握節何妨馬上吟。當路牛羊眠蔫草，避人鳥鵲噪寒林。羸肌已怯爐裘重，衰鬢寧禁霜雪侵。獨愛潺湲溪澗水，無人知此有清音。

同事閣使見問奚國山水何如江鄉，以詩答之

奚疆山水比東吳，物色雖同土俗殊。萬壑千岩南地有，扁舟短棹此間無。因嗟好景當邊塞，卻動歸心憶具區。終待使還酬雅志，左符重乞守江湖。

〔註4〕原詩注：山澗水流遇冰凍則橫溢道上，彼人謂之灑水，險滑百狀，每爲車馬之患。

奚山道中 〔註5〕

擁傳經過白霫東，依稀村落有華風。食飴宛類吹簫市，逆旅時逢錫竈翁。漸使犬羊歸畎畝，方知雨露遍華戎。朝廷涵養恩多少，歲歲軺車萬里通。

牛山道中 〔註6〕

農人耕鑿遍奚疆，部落連山復枕岡。種粟一收饒地力，開門東向雜夷方。田疇高下如棋布，牛馬縱橫似谷量。賦役百端閒日少，可憐生事甚茫茫。

奚山路 〔註7〕

行盡奚山路更賒，路旁時見百餘家。風煙不改盧龍俗〔註8〕，塵土猶兼瀚海沙。朱版刻旗村肆食〔註9〕，青氈通幰貴人車〔註10〕。皇恩百歲如荒憬，物俗依稀欲慕華。

以上出自《後使遼詩》，同《前使遼詩》都出自《蘇魏公文集》卷一三。

蘇　轍

出山

燕疆不過古北關，連山漸少多平田。奚人自作草屋住，契丹騈車依水泉。橐駝羊馬散川谷，草枯水盡時一遷。漢人何年被流徙，衣服漸變存語言。力耕分獲世爲客，賦役稀少聊偷安。漢奚單弱契丹橫，目視漢使心凄然。石瑭竊位不傳子，遺患燕薊逾百年。仰頭呼天問何罪，自恨遠祖從祿山〔註11〕。

〔註5〕原詩注：村店炊黍賣餳，有如南土。
〔註6〕原詩注：耕種甚廣，牛羊遍谷，問之皆漢人佃奚土，甚苦輸役之重。
〔註7〕原詩注：出奚山路，入中京界，道旁店舍頗多，人物亦眾。
〔註8〕原詩注：唐盧龍節度兼押契丹使。
〔註9〕原詩注：食抵門掛木刻朱旗。
〔註10〕原詩注：貴族之家，車屋通以青氈覆之。
〔註11〕原詩注：此皆燕人語也。

奚君〔註12〕

奚君五畝宅，封戶一成田。故壘開都邑，遺民雜漢編。不知臣僕賤，漫喜殺生權。燕俗嗟猶在，婚姻未許連。

木葉山

奚田可耕鑿，遼土直沙漠。蓬棘不復生，條幹何由作。茲山亦沙阜，短短見叢薄。冰霜葉墮盡，鳥獸紛無託。乾坤信廣大，一氣均美惡。胡爲獨窮陋，意似鄙夷落。民生亦復爾，垢污不知作。君看齊魯間，桑柘皆沃若。麥秋載萬箱，蠶老簇千箔。餘梁及狗彘，衣被遍城郭。天工本何心，地力不能博。遂令堯舜仁，獨不施禮樂。

虜帳

虜帳冬住沙陀中，索羊織葦稱行宮。從官星散依冢阜，氈盧窟室欺霜風。舂梁煮雪安得飽，擊兔射鹿誇強雄。朝廷經略窮海宇，歲遺繒絮消頑凶。我來致命適寒苦，積雪向日堅不融。聯翩歲旦有來使，屈指已復過奚封。禮成即日卷盧帳，釣魚射鵝滄海東。秋山既罷復來此，往返歲歲如旋蓬。彎弓射獵本天性，拱手朝會愁心胸。甘心五餌墮吾術，勢類畜鳥遊樊籠。祥符聖人會天意，至今燕趙常耕農。爾曹飲食自謂得，豈識圖霸先和戎！

以上出自《欒城集》卷一六。

陸　游

塞上曲

茫茫大磧吁可嗟，暮春積雪草未芽。明月如霜照白骨，惡風卷地吹黃沙。駝鳴喜見泉脈出，雁起低傍寒雲斜。窮荒萬里無斥堠，天地自古分夷華。青氈紅錦雙奚車，上有胡姬抱琵琶。犯邊殺汝不遺種，千年萬年朝漢家。

《劍南詩稿》卷一九，載《陸游集》，中華書局，1976年，第558頁。

〔註12〕原詩注：宅在中京南。

塞上曲

秋風獵獵漢旗黃，曉陌霜清見太行。車載氈廬駝載酒，漁陽城裏作重陽。

《劍南詩稿》卷二〇，載《陸游集》，中華書局，1976 年，第 590 頁。

附錄四　奚族研究論著目錄

1. 王連晨、姚德昌主編：《奚國之都》，中央民大學出版社，2008 年。

2. 北京大學建築學研究中心聚落研究小組編著：《古崖居考》，中國建築工業出版社，2011 年。

3. 劉一：《奚族研究》，吉林大學博士學位論文，2014 年。

4. 劉一：《新中國成立以來國內奚族研究綜述》，《學術探索》，2013 年第 8 期。

5. 魯影：《讀〈新中國成立以來國內奚族研究綜述〉有感》，《文藝生活・文藝理論》，2015 年第 11 期。

6. 王凱：《20 世紀 80 年代以來奚族研究綜述》，《東北史地》，2011 年第 1 期。

7. 夏宇旭：《20 世紀以來金代契丹人和奚人研究綜述》，《中國史研究動態》，2010 年第 3 期。

8. 王麗娟：《奚族歷史研究的回顧與思考》，《北方民族考古》（第 2 輯），科學出版社，2015 年。

9. 楊福瑞：《六至十世紀初契丹與奚族的關係——兼論兩族的不同命運結局》，《昭烏達蒙族師專學報》（漢文哲學社會科學版）1999 年第 5 期。

10. 洪勇明：《古代民族文獻所見「奚」考》，《民族研究》，2011 年第 1 期。

11. 李玉君：《東北古老的民族——庫莫奚》，《百科知識》，2009 年第 21 期。

12. 島田好：《奚、霤、白霤民族考》，《滿洲學報》（第 8、9 號），1944 年 3 月。

13. 王麗娟：《奚族部落的發展與演變》，《東北史地》，2015 年第 5 期。

14. 王麗娟：《奚族考古資料的總結與認識》，《內蒙古大學學報》（哲學社會科學版），2015 年第 2 期。

15. 王麗娟：《奚的經濟類型述論》，《内蒙古大學學報》（哲學社會科學版），2013 年第 6 期。

16. 王麗娟：《奚族的畜牧業及其相關的物質習俗》，《蘭臺世界》，2015 年第 16 期。

17. 王麗娟：《奚族文化習俗研究》，《蘭臺世界》，2015 年第 25 期。

18. 王麗娟：《碑刻資料所見奚族的婚姻習俗》，《河北大學學報》（哲學社會科學版），2015 年第 5 期。

19. 王麗娟：《隋唐時期奚族與突厥族關係探討》，《内蒙古社會科學》（漢文版），2013 年第 5 期。

20. 王麗娟：《高祖至睿宗時期奚族與唐朝的關係述論》，《中央民族大學學報》（哲學社會科學版），2015 年第 2 期。

21. 王麗娟、張久和：《論唐玄宗對奚的民族政策》，《中央民族大學學報》（哲學社會科學版），2014 年第 2 期。

22. 王麗娟：《奚族與回紇的關係管窺》，《陰山學刊》，2015 第 1 期。

23. 馮繼欽：《北朝時期的庫莫奚族》，《求是學刊》，1987 年第 5 期。

24. 畢德廣：《北朝時期庫莫奚居地變遷考》，《内蒙古社會科學》，2014 年第 4 期。

25. 畢德廣：《唐代奚族居地的變遷》，《中國歷史地理論叢》，2014 年第 1 期。

26. 畢德廣、曾祥江：《奚人歷史文化遺存考述》，《河北師範大學學報》（哲學社會科學版），2011 年第 3 期。

27. 畢德廣：《唐代兩蕃的考古學文化研究》，《遼寧師範大學學報》（社會科學版），2015 年第 4 期。

28. 王茜：《略述契丹、奚、地豆于、室韋等古族與北朝的朝貢關係》，《蘭臺世界》，2011 年第 25 期。

29. 馮繼欽：《有關奚族族源的兩個問題》，《求是學刊》，1984 年第 1 期。

30. 譚麗娟：《奚族源流考略》，《鞍山社會科學》，2004 年第 4 期。

31. 任愛君：《契丹與庫莫奚的先世及其關係略述》，《昭烏達蒙族師專學報》，1989 年第 2 期。

32. 張文平、張久和：《庫莫奚基本史料的初步比較研究》，《内蒙古大學學報》（人文社會科學版），2007 年第 1 期。

33. 包愛英：《十世紀以前庫莫奚歷史初探》，内蒙古大學碩士論文，2006 年。

34. 馮繼欽：《奚族文化芻議》，《社會科學輯刊》，1993 年第 1 期。

35. 李德山：《奚族增考》，《民族研究》，1989 年第 5 期。

36. 馮繼欽：《奚族社會性質初探》，《北方文物》，1984 年第 2 期。

37. 張秀榮：《略談奚族》，《文史知識》，1994 年第 2 期。

38. 楊若薇：《奚族及其歷史發展》，《歷史教學》，1983 年第 7 期。

39. 孟廣耀：《唐代奚族君長及世次考述》，《求是學刊》，1984 年第 4 期。

40. 孟廣耀：《唐代奚族駐牧範圍變遷考論》，《內蒙古師範大學學報》（哲學社會科學版），1983 年第 1 期。

41. 孟廣耀：《回紇羈屬下的奚族——兼釋唐朝與奚族的關係》，《北方文物》，1983 年第 3 期。

42. 孟廣耀：《試探唐朝前期與奚族的關係》，《北方民族關係史論叢》（第一輯），內蒙古人民出版社，1984 年。

43. 李彥平：《唐朝與東北少數民族契丹、奚的和親》，《社會科學戰線》，1996 年第 3 期。

44. 陳巍：《論唐與奚、契丹的和親》，《黑龍江民族叢刊》2007 年第 1 期。

45. 崔明德：《唐與契丹、奚和親公主考述》，《西北民族學院學報》1988 年第 2 期。

46. 孟廣耀：《安史之亂中的奚族》，《社會科學戰線》，1985 年第 3 期。

47. 陳巍、閆華芳：《安史之亂前後的奚、契丹》，《大連大學學報》，2010 年第 1 期。

48. 程尼娜：《論唐代中央政權對契丹、奚人地區的羈縻統治》，《吉林大學社會科學學報》，2002 年第 6 期。

49. 孟廣耀：《唐以後奚族諸部的對應關係及奚王府所屬諸部剖析》，《北方文物》，1987 年第 1 期。

50. 侯震：《隋至唐初奚人朝貢管窺》，《才智》2010 年第 23 期。

51. 平島貴義：《論唐末五代契丹與奚的關係》，《史淵》（第 45 輯），1950 年 11 月。

52. 孫彩紅：《唐、五代時期中原與契丹、奚的互市貿易》，《河北師範大學學報》（哲學社會科學版），1998 年第 4 期。

53. 龔蔭：《突厥可汗述略——附奚王》，《西南民族學院學報》（哲學社會科學版）1998 年第 5 期。

54. 李蓉、寒福闓：《遼西兩蕃與高宗朝東、西線戰局之關係》，《重慶師院學報》（哲學社會科學版），2003 年第 2 期。

55. 李蓉：《唐初兩蕃與唐的東北策略》，《四川師範大學學報》（社會科學版）2003 第 2 期。

56. 李在成：《麗唐戰爭與契丹‧奚》，（韓國）《中國古中世史研究》（第 26 輯），2011 年 8 月。

57. 賈鴻源、王向輝：《唐前期邊防中的跨界現象——以天寶元年唐與奚怒皆之戰爲中心的研究》，《唐都學刊》，2014 年第 4 期。

58. 尹勇：《唐幽州節度使李懷仙族屬新考》，《蘭臺世界》，2011 年第 13 期。

59. 西安市文物保護考古研究院：《西安市唐故奚質子熱瓌墓》，《考古》2014 年第 10 期。

60. 葛承雍：《西安唐代奚族質子熱瓌墓誌解讀》，《考古》2014 年第 10 期。

61. 曾江：《神秘古崖居 誰之聚落地》，《中國社會科學報》2012 年 1 月 13 日 A02 版。

62. 孟廣耀：《遼代奚王世次考論》，《瀋陽文史研究》（第二輯），1987 年。

63. 陳曉偉：《奚王蕭福延墓誌三題》，《宋史研究論叢》（第十一輯），河北大學出版社，2010 年。

64. 蕭春江：《蕭太后（蕭綽）不是契丹人，是奚族人》，《中國・平泉首屆契丹文化研討會論文集》，吉林大學出版社，2010 年。

65. 張豔秋、青白音：《奚王牙帳、遼中京、元北京》，《中國古都研究（第十八輯上冊）──中國古都學會 2001 年年會暨赤峰遼王朝故都歷史文化研討會論文集》，國際華文出版社，2002 年。

66. 島田正郎：《關於遼代的奚族》，《北亞細亞學報》（第一輯），1942 年 10 月。

67. 平島貴義：《關於遼初歷史的兩三個問題（1）──遼太祖對奚族的經略及其意義》，《西日本史學》（6 號），1951 年 3 月。

68. 馮繼欽：《遼代奚族共同體的演變及其特徵初探》，《史學集刊》1983 年第 3 期。

69. 王玲：《遼代奚族考略》，《民族研究》，1983 年第 2 期。

70. 李涵、沈學明：《略論奚族在遼代的發展》，《宋遼金史論叢》（第 1 輯），中華書局，1985 年。

71. 李符桐：《奚部族及其與遼朝關係之探討》（1～5），《大陸雜誌》（33 卷 7～11 期），1966 年 10～12 月。

72. 孟廣耀：《試論遼朝直轄奚族諸部營──兼論奚人契丹化問題》，《東北地方史研究》，1988 年第 3 期。

73. 王民信：《遼朝統治下的奚族》，《政治大學邊政研究所年報》（5 期），1974 年 7 月。

74. 王民信：《遼朝奚族「撒里比部落」》，《慶祝箚奇斯欽教授八十壽辰學術論文集》，（臺北）國學文獻館，1995 年。

75. 愛新覺羅・烏拉熙春：《初魯得氏族考》，《東亜文史論叢》（2006 年特集號），2006 年 10 月。

76. 愛新覺羅・烏拉熙春、呼格吉勒圖：《初魯得族系考》，《內蒙古大學學報》（人文社會科學版），2007 年第 6 期。

77. 任大衛：《遼代蕭孝恭家族的族屬及其文化特徵》，遼寧師範大學碩士學位論文，2014 年。

78. 王峰：《遼奚文化追溯》，《承德民族師專學報》，1996 年第 1 期。

79. 孟廣耀：《遼朝與奚族的關係》，《中國民族史研究》，中國社會科學出版社，1985 年。

80. 鄭毅：《遼與奚族的關係演變及遼中京的建置開發》，《學理論》，2012 年第 35 期。

81. 王宇勍：《遼代奚族的地理分佈》，《遼寧工程技術大學學報》（社會科學版）2009 年第 6 期。

82. 畢德廣：《遼代奚境變遷考論》，《中國邊疆史地研究》，2014 年第 3 期。

83. 張雲波：《遼代契丹人及奚人之分佈》，《四川大學季刊》（1 期），1935 年 7 月。

84. 李月新、梁磊：《遼代奚人的生活探析》，《長春師範學院學報》，2011 年第 7 期。

85. 呂富華、孫國軍：《從使遼詩看奚族社會生活》，《黑龍江民族叢刊》，2015 年第 1 期。

86. 張光娟：《試論遼代奚族的基層管理問題》，《樂山師範學院學報》，2011 年第 8 期。

87. 葛華廷：《遼奚迭剌部及相關問題淺談》，《北方文物》，2009 年第 2 期。

88. 任愛君：《遼朝對奚族諸部的征服及其統治方略》，《首屆遼上京契丹‧遼文化學術研討會論文集》，內蒙古文化出版社，2009 年。

89. 任愛君：《契丹對奚族的征服及其統治方略》，《內蒙古社會科學》（漢文版），2010 年第 2 期。

90. 任愛君：《遼代的烏馬山奚》，《北方文物》，2010 年第 4 期。

91. 紀楠楠：《關於遼代奚族的部族》，《遼金史論集》（第十一輯），內蒙古大學出版社，2009 年。

92. 陳永志：《奚族為遼之蕭族論》，《遼金史論集》（第十一輯），內蒙古大學出版社，2009 年。

93. 田淑華：《遼金時期奚族在承德地區活動史蹟探考》，《北方文物》，1997 年第 4 期。

94. 孟古托力：《遼金戰爭中的奚族》，《黑龍江民族叢刊》，1997 年第 4 期。

95. 李涵、張星久：《金代奚族的演變》，《武漢大學學報》（人文科學版），1986 年第 6 期

96. 馮繼欽：《金代奚族初探》，《求是學刊》，1986 年第 2 期。

97. 苑金銘：《金代奚人研究》，渤海大學碩士學位論文，2014 年。

98. 苑金銘:《金代奚人的政治地位》,《遼寧工程技術大學學報》(社會科學版),2013 年第 2 期。

99. 郭麗娟、宋文麗:《金代奚人政治地位的演變》,《蘭臺世界》,2014 年第 33 期

100. 苑金銘:《奚人在金朝軍事活動中的作用》,《樂山師範學院學報》,2014 年第 2 期。

101. 孟廣耀:《金朝對奚族的基本政策》,《遼金史論集》(第四輯),書目文獻出版社,1989 年。

102. 紀楠楠:《金朝對奚族政策探微》,《史學集刊》,2012 年第 6 期。

103. 周峰:《金朝對奚族的征服與安置》,《金上京文史論叢》(第四輯),黑龍江人民出版社,2013 年。

104. 王淑英:《奚人蕭裕與海陵王的關係——兼釋復辟遼朝活動的失敗》,《北方論叢》,1998 年第 1 期。

105. 陳永國:《金代海陵王和奚人蕭裕》,《蘭臺世界》,2014 年第 12 期。

106. 王利靜:《讀〈金史·佞倖傳——蕭裕傳〉書後》,《遼寧電大學報》,1991 年第 4 期。

107. 周峰:《金代蕭公建家族兩方墓誌銘考釋》,《北京遼金文物研究》,北京燕山出版社,2005 年。

108. 張永攀:《契丹奚車考》,《西北民族研究》,2000 年第 1 期。

109. 張永攀:《契丹奚車再論》,《西北大學學報》,2000 年增刊。

110. 畢德廣:《奚車研究》,《邊疆考古研究》(第十五輯),科學出版社,2014 年。

111. 孟廣耀:《西部奚歷史探討》,《內蒙古社會科學》(漢文版),1987 年第 2 期。

112. 陳啓:《西奚與古崖居》,《中央民族大學學報》(哲學社會科學版),1998 年第 3 期。

113. 趙其昌:《北京延慶縣「古崖居」——西奚遺址之探討》,《北京文博》,2002 年第 2 期。

114. 趙振績:《大奚成立與消失考》,《幼獅學誌》(9 卷 1 期),1970 年 3 月。

115. 孟廣耀:《蕭幹建國稱帝及其失敗瑣議》,《內蒙古師範大學學報》,1988 年第 3 期。

116. 姚德昌:《奚國覓蹤》,《遼金歷史與考古》(第一輯),遼寧教育出版社,2009 年。

117. 姚德昌:《奚國覓蹤》,《東北史研究》,2009 年第 4 期。

118. 姚德昌、李穎:《淺談奚國的建立——記一個轉瞬即逝的王朝建立的主要

因素》，《遼金歷史與考古》（第二輯），遼寧教育出版社，2010 年。

119. 姚德昌：《箭笴山與奚國政權》，《文史精華》，2011 年增刊第 1 期。

120. 姚德昌：《奚國政權爲什麼能夠存在》，《中國·平泉首屆契丹文化研討會論文集》，吉林大學出版社，2010 年。

121. 姚德昌：《青龍縣爲何能夠成爲中國奚族文化之鄉》，《東北史研究》，2015 年第 2 期。

122. 周峰：《奚族碑刻概說》，《赤峰學院學報》（漢文哲學社會科學版），2009 年第 9 期。

123. 劉中玉：《米芾世系考》，《甘肅民族研究》，2003 年第 2 期。

124. 張秀夫、劉子龍、張翠榮：《失落千年的文明——奚王避暑莊的調查》，《承德民族歷史與建設文化大市學術論壇文選》，遼寧民族出版社，2006 年。

125. 傅春秋、張學志、耿建擴：《河北青龍驚現遼代奚國皇宮遺址》，《光明日報》，2007 年 6 月 16 日。

126. 耿建擴、傅春秋：《奚國皇宮今何在——河北青龍發現鐵瓦烏龍殿遺址始末》，《光明日報》，2007 年 11 月 16 日。

127. 姚德昌：《奚國國都在青龍》，《秦皇島日報》，2007 年 10 月 13 日。

128. 姚德昌：《鐵瓦烏龍殿考證》，《秦皇島文化》，2007 年第 4 期。

129. 姚德昌：《去鐵瓦烏龍殿尋蹤》，《秦皇島檔案》，2007 年第 17 期。

130. 姚德昌：《鐵瓦烏龍殿探微》，《秦皇島檔案》，2007 年第 18 期。

131. 姚德昌：《鐵瓦烏龍殿考證》，《青龍河》，2007 年第 3 期。

132. 姚德昌：《箭杆山考證》，《青龍河》，2007 年第 2 期。

133. 周峰：《最後的奚人——金元時期石抹也先家族考》，《東北史地》，2011 年第 6 期。

134. 蕭春江、蕭冰：《奚人後裔今何在？》，《承德民族歷史與建設文化大市學術論壇文選》，遼寧民族出版社，2006 年。

135. 王策：《〈唐歸義王李府君夫人清河張氏墓誌〉考》，《北京文物與考古》（第 6 輯），民族出版社，2004 年。

136. 畢德廣：《唐清河張氏墓誌考》，《北方文物》，2012 年第 3 期。

137. 董坤玉：《有關〈唐歸義王李府君夫人清河張氏墓誌〉的幾點考證——唐代歸義州考》，《黑龍江史志》，2014 年第 7 期。

138. 董坤玉：《有關〈唐歸義王李府君夫人清河張氏墓誌〉的幾點考證——李獻誠其人及生卒事跡考》，《黑龍江史志》，2014 年第 11 期。

139. 郭玲娣、樊瑞平、杜平：《唐李寶臣紀功碑考述》，《文物春秋》，2005 年第 5 期。

140. 馮金忠、陳瑞青：《唐成德軍節度使李寶臣殘碑考釋》，《中國歷史文物》，

2009 年第 4 期。

141. 尹勇：《唐魏博節度使史憲誠族屬再研究——兼論「泛粟特」問題》，《首都師範大學學報》（社會科學版），2010 年第 4 期。

142. 郭茂育、趙振華：《唐〈史孝章墓誌〉研究》，《中國邊疆史地研究》，2007年第 4 期。

143. 張龍：《史憲誠父子與藩鎮魏博：以〈史孝章墓誌〉為線索》，《社會‧經濟‧觀念史視野中的古代中國——國際青年學術會議暨第二屆清華青年史學論壇論文集》（下），清華大學歷史系，2010 年。

144. 王燁：《平泉縣石羊石虎古墓群調查》，《文物春秋》，2006 年第 3 期。

145. 張守義：《平泉縣馬架子發現的遼代墓誌》，《文物春秋》，2006 年第 3 期。

146. 李義：《內蒙古寧城縣發現遼代〈大王記結親事碑〉》，《考古》，2003 年第 4 期。

147. 李義：《遼代奚「大王記結親事」碑》，《遼金西夏史研究》，天津古籍出版，1997 年。

148. 雁羽：《錦西西孤山遼蕭孝忠墓地清理簡報》，《考古》，1960 年第 2 期。

149. 劉謙：《遼寧錦西西孤山出土遼墓墓誌》，《考古通訊》，1956 年第 2 期。

150. 閻萬章：《錦西西孤山出土契丹文墓誌研究》，《考古學報》，1957 年第 2期。

151. 金光平、曾毅公：《「錦西西孤山契丹文墓誌試釋」摘要》，《考古學報》1957 年第 2 期。

152. 劉鳳翥：《契丹大字〈蕭孝忠墓誌銘〉考釋》，《中國‧平泉首屆契丹文化研討會論文集》，吉林大學出版社，2010 年。

153. 貫鴻恩、李俊義：《遼蕭孝恭蕭孝資墓誌銘考釋》，《北方文物》，2006 年第 1 期。

154. 李北凌、王敬：《論我國民族傳統文化的法律保護——以秦皇島青龍縣奚族文化為例》，《法制與社會》，2013 第 33 期。

參考文獻

一、史　籍

1. 《魏書》，中華書局，1974 年。
2. 《晉書》，中華書局，1974 年。
3. 《北史》，中華書局，1974 年。
4. 《北齊書》，中華書局，1972 年。
5. 《周書》，中華書局，1971 年。
6. 《隋書》，中華書局，1973 年。
7. 《舊唐書》，中華書局，1975 年。
8. 《新唐書》，中華書局，1975 年。
9. 《遼史》，中華書局，1974 年。
10. 《金史》，中華書局，1975 年。
11. 《宋史》，中華書局，1977 年。
12. 《元史》，中華書局，1976 年。
13. 《新五代史》，中華書局，1976 年。
14. 《舊五代史》，中華書局，1976 年。
15. 《資治通鑒》，中華書局，1956 年。
16. 《全唐文》，中華書局，1983 年。
17. 《全唐詩》，中華書局，1960 年。
18. 〔宋〕李燾：《續資治通鑒長編》，上海古籍出版社，1986 年。
19. 〔宋〕徐夢莘：《三朝北盟會編》，上海古籍出版社，1987 年。
20. 〔宋〕葉隆禮撰，賈敬顏、林榮貴點校：《契丹國志》，上海古籍出版社，
    1985 年

21. 〔清〕徐松輯：《宋會要輯稿》，中華書局，1957 年。

22. 〔宋〕王溥：《五代會要》，中華書局，1978 年。

23. 《嘉靖魯山縣志》，天一閣藏明代方志選刊本，上海古籍書店，1981 年。

24. 〔宋〕釋文瑩：《玉壺清話》，中華書局，1984 年。

25. 〔宋〕江少虞：《宋朝事實類苑》，上海古籍出版社，1980 年。

26. 〔宋〕蘇頌：《蘇魏公文集》。中華書局，1988 年。

27. 〔宋〕陸游：《陸游集》，中華書局，1976 年。

28. 〔元〕許謙：《白雲集》，叢書集成初編本，商務印書館，1936。

29. 〔元〕黃溍：《黃溍全集》，王頲校注，天津古籍出版社，2008 年。

30. 〔元〕胡祗遹：《胡祗遹集》，魏崇武、周思成校點，吉林文史出版社，2008 年。

二、今人著作

1. 程妮娜：《古代中國東北民族地區建置史》，中華書局，2011 年。

2. 盧勳、蕭之興、祝啓源：《隋唐民族史》，四川民族出版社，1996 年。

3. 白翠琴：《魏晉南北朝民族史》，四川民族出版社，1996 年。

4. 陳佳華、蔡家藝、莫俊卿、楊保隆：《宋遼金時期民族史》，四川民族出版社，1996 年。

5. 賈敬顏：《五代宋金元人邊疆行記十三種疏證稿》，中華書局，2004 年。

6. 李錫厚：《耶律阿保機傳》，吉林教育出版社，1991 年。

7. 何俊學、張達昌、于國石：《金朝史》中國社會科學出版社，1992 年。

8. 蘇航：《唐代北方內附蕃部研究》，北京大學博士論文，2006 年。

9. 康鵬：《遼代五京體制研究》，北京大學博士論文，2007 年。

10. 周蜜主編：《中國古代人群線粒體 DNA 研究》，科學出版社，2010 年。

11. 郭聲波點校：《宋會要輯稿‧蕃夷道釋》，四川大學出版社，2010 年。